一微万利

粉丝、利润双丰收的微信营销秘诀

（实战强化版）

何志康◎著

人民邮电出版社
北 京

图书在版编目（CIP）数据

一微万利 ：粉丝、利润双丰收的微信营销秘诀 ：实战强化版 / 何志康著. -- 北京 ：人民邮电出版社，2017.1
ISBN 978-7-115-44199-7

Ⅰ. ①一… Ⅱ. ①何… Ⅲ. ①网络营销 Ⅳ. ①F713.365.2

中国版本图书馆CIP数据核字(2016)第283695号

内 容 提 要

如果你也想加入微信营销的大军，想要了解微信营销背后的秘密，那么不妨打开这本书。这里有微信营销入门技巧、粉丝运营策略、微信营销平台的搭建方法、微信营销推广方法、各行各业的赚钱之道、微信营销活动的策划方案以及八大微信营销模式的运营技巧。书中提到的每种方法、每个点子都来自笔者的实战经验和悉心总结，是业内人士很少外传的营销秘诀。不仅如此，笔者还为大家列举、剖析了各行各业中的许多成功案例，以帮助大家更好地掌握微信营销的技巧。

本书作为畅销书《一微万利：粉丝、利润双丰收的微信营销秘诀》的升级版，极具实用价值，拒绝泛泛而谈，十分适合营销从业人员、个人或团队创业者以及企业经营者进行阅读与实践。

◆ 著　　　　何志康
责任编辑　李士振
责任印制　周昇亮

◆ 人民邮电出版社出版发行　　北京市丰台区成寿寺路 11 号
邮编　100164　　电子邮件　315@ptpress.com.cn
网址　http://www.ptpress.com.cn
北京鑫丰华彩印有限公司印刷

◆ 开本：720×960　1/16
印张：17　　　　2017 年 1 月第 1 版
字数：358 千字　　　　2017 年 1 月北京第 1 次印刷

定价：49.80 元

读者服务热线：(010)81055296　印装质量热线：(010)81055316
反盗版热线：(010)81055315
广告经营许可证：京东工商广字第 8052 号

前言 Preface

笔者曾听到过这样一段对话：一家企业的管理者要求他的员工做微信营销，员工十分好奇，问管理者："为什么要做微信营销？"管理者回答道："现在谁没有微信，谁就挖不到下一桶金。"是的，作为当下最火爆的应用软件之一，微信早已渗透到人们的生活中：用微信聊天代替发短信、打电话，用微信办理银行业务，用微信查询交通状况、旅游资讯，用微信预约各种服务，用微信交话费、购物，用微信看视频，用微信参与政务建设……衣食住行、娱乐休闲等领域几乎都离不开微信。

尽管微信诞生的时间比电话、短信、视频、门户广告、微博、网络社区等各种各样的营销工具都要晚，但是它却力压群雄，以迅雷不及掩耳之势成功登顶，成为备受推崇的新兴营销工具。微信简直为我们创造了一个潜藏着巨大营销潜力的"微世界"！所以，此时不做微信营销，更待何时？

如果你也想加入微信营销的大军，想要了解微信营销背后的秘密，那么不妨打开这本书。这里有微信营销入门技巧、粉丝运营策略、微信营销平台的搭建方法、微信营销推广方法、各行各业的赚钱之道、微信营销活动的策划方案以及八大微信营销模式的运营技巧，书中提到的每种方法、每个点子都来自笔者的实战经验和悉心总结，是业内人士很少外传的营销秘诀。不仅如此，笔者还为大家列举、剖析了业内许多成功案例，以帮助大家更好地掌握微信营销的技巧。

在这里，笔者只和大家谈具体、实用的操作方法，不讲空话和大道理。我们的目标是：用最有效的方式实现营销目的，在微信上把东西卖出去。无论你是知名企业、大品牌，还是名不见经传的小商户或个人，只要你想通过微信营销来“吸粉”、“吸金”，那么，本书就是与你最合拍的营销搭档。

每个时代有每个时代的特色，微信营销就是这个时代的经济特色之一。你做或者不做，它就在那里，继续以自己独有的方式发展着、变化着。选择它，我们可以在营销的路上走得更轻松一些；不理它，我们可能会继续缓慢前进，也可能会被时代淘汰。无论如何，如果你想要开创美好的“钱”景，那么，微信营销就不是选不选的问题，而是为了成功必须要做的问题。最后，笔者祝愿每一位读者都能通过微信营销赚得盆满钵满。

目录

CONTENTS

Part 1 吸粉、吸金开始之前，摸清微信营销的价值与入门技巧

Part 2 没粉儿怎么行？了解微信营销的粉丝运营策略

Part 3 招粉引蝶，搭建最吸引眼球的微信营销平台

Part 4 想要快速吸金？掌握便捷的微信营销推广方法

Part 5 钱景无限好，看各行各业如何在微信上吸金

Part 6 粉儿、金双丰收，必知的微信营销活动策划方案

Part 7 更上一层楼，八大微信营销模式拓宽生财之路

Part 1

吸粉、吸金开始之前，摸清微信营销的价值与入门技巧

自诞生之日起，微信就在不断刷新着人们的营销观，其巨大的用户量、与众不同的营销方式、广阔的市场前景等特点彻底颠覆了传统营销，让越来越多的人加入到了微信营销大军中。这些人既包括经验丰富的营销人员，也有对营销知之甚少的普通大众，然而不管身份如何，众人的共同目标就是：赚钱。那么，微信营销的价值究竟藏在哪些地方呢？人们应该从哪里开启这扇营销大门呢？本章将为大家一一详解。

1.1 解读微信的多重“身份”

微信是什么？用一句广为流传的艺术名言来回答就是“一千个读者眼里有一千个哈姆雷特”，也就是说，不同的人对微信有着不同的看法。有的人说，微信是通信工具，可以发短信、语音聊天，还可以互相通视频；有的人说，微信是交友工具，通过摇一摇、漂流瓶、附近的人等功能就能认识各种各样的人；有的人说，微信是移动钱包，买东西方便又省钱；还有的人说，微信就是一个 App，打车、订餐、预约……用起来超级省事。当然，这些看法都没错，但是综合来看我们不难发现，这些看法只是将微信当作一种“生活用品”，拿来解决一些琐碎的事情。而对于想要通过微信赚钱的人来说，就要将目光穿透这些表面现象，认识更深层次的微信。

从营销者的角度来看，微信是一个拥有多重“身份”的“人”，了解它的多面性，有助于我们更好地掌握微信营销的技巧。

第一，微信是企业的“形象代表”，主要任务就是彰显企业品牌文化，有时候，它还要站在官方立场发布一些重要决策，因此要以庄重、正式等基调为主，避免哗众取宠。

第二，微信是企业的“公关代表”，除了承担向客户推送产品信息、与同行合作互推、开展营销活动等任务外，在遇到突发事件时，还要及时采取有效的应对措施。因此营销者要具备敏锐的市场洞察力、强大的执行能力，这样才能充分发挥微信的公关价值。

第三，微信是得力的“行销专员”，能够实现打广告、扩大产品宣传等营销目的。鉴于此，营销者可以借助微信平台展开多种营销活动。

第四，微信是企业的“售后服务专员”，负责解决客户的问题、搜集客户反馈等任务。营销者还可以通过微信平台建立良好的客户关系，这对企业的长远发展具有重要意义。

第五，微信是企业的“行政部经理”，对传播企业文化具有重要影响。另外，营销者也可以借助“企业周年庆”等特殊日子开展营销活动，使客户主动融入到企业文化中来。

第六，微信是企业的“数据管理员”，主要任务就是为企业建立客户数据库。营销者可以根据后台数据统计分析，维系现有客户并发掘潜在客户，打造庞大的客户群。

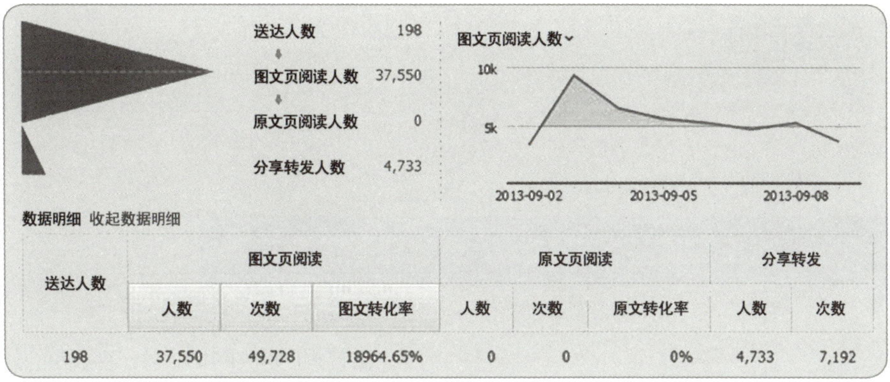

送达人数	图文页阅读			原文页阅读			分享转发	
	人数	次数	图文转化率	人数	次数	原文转化率	人数	次数
198	37,550	49,728	18964.65%	0	0	0%	4,733	7,192

第七，微信是企业的“客座讲师”，能够凭借精彩的评论分析，为企业吸引一大批关注者。此外，营销者若是能在微信平台上分享一些企业、品牌背后鲜为人知的小故事，不仅能让品牌形象深入人心，还可以增加客户的黏度。

这些都是微信潜在的营销“身份”，同时也是其基本营销功能的体现。用营销者的眼光来看待微信，那么在移动互联网日益发展的今天，微信将成为培养客户、抢占市场的得力助手和低成本营销利器，让你轻轻松松就能赚得盆满钵满。

1.2 微信能创造什么价值

在这个科技日新月异的时代，新产品取代旧产品的例子比比皆是，就连之前十分盛行的微博营销也降低了不少热度。从 2011 年开始到现在，微信流行的时间也不短了，按照事物一般的发展规律，它现在也应该日益衰退了。可事实却恰恰相反，微信营销的呼声不仅没有变小，反而还在不断攀升。原因何在？这就要从微信的价值说起了。是的，正因为微信能够创造其他社交产品无法企及的营销价值，所以它仍可以傲然屹立在众多社交产品中。那么，微信究竟可以创造什么价值呢？在这里，笔者就为大家一一剖析。

价值一：真正实现与客户对话，创建稳固的客户群

在移动互联网时代，“互动”是营销的必要手段，只有和客户建立起关系，了解客户的心声，营销之路才能走得长远。众所周知，微信“出道”的时候走得就是“社交工具”的路线。这一基本功能恰好体现了它最大的营销价值：真正实现与客户一对一沟通，

而且私密性极强。营销者若是能够合理运用这一功能，那么完全可以通过微信创建稳固的客户群，为自己奠定坚实的营销基础。

价值二：信息曝光率高，投放精准

不少人喜欢拿微博和微信做比较，认为微博消息转发率高，其信息曝光率也会很高，而事实并非如此。要知道，转发率和曝光率并不是成正比的。因为并不是所有人都会关注信息内容，有时候人们只是单纯的转发，而根本不去阅读信息内容，这就谈不上曝光率了。微信则不同，它可以直接将信息推送到用户面前，曝光率与投放率几乎是100%。这一点是微博无法比拟的。

价值三：杜绝"扰民"，开启多元化的销售渠道

相信不少人有过这样的经历，走在大街上，突然被强行塞了一张小广告，这种感觉往往让人十分恼火。许多传统营销模式就是如此，它们在没有得到用户许可的情况下，常常强行向用户推送广告，完全不考虑用户需不需要。这种"扰民"的方式对营销的长远发展十分不利。而微信则规避了这一缺陷，因为微信公共账号是不能主动添加用户的，也就是说，用户选择的通常就是自己需要的，这就为公共账号开启了一条畅通的销售渠道。营销者可以根据用户的需求不断完善自我，从而开启多元化的营销模式。

价值四：低成本投入，高利润收益

广告向来是营销过程中不可或缺的一环，其费用往往也是一笔不小的开支。有时候广告虽然做的好，但是推广效果和收益并不理想。而微信则解决了这一

弊端。在微信上，我们可以选择多种广告形式，如文字、图片、图文混搭、视频、语音等，只要消耗一点点流量，我们就可以将这些广告精准地投放到用户的手机上，用最少的投入，实现最高的广告曝光率。不仅如此，微信简单实用的功能还大大降低了技术要求，让普罗大众也能轻松实现低投入和高收益。

当然，除了上述这些主要方面外，微信还蕴藏着许多其他方面的价值，只要你善于发现，一定会从微信营销中得到更多的利益。

1.3 什么是真正的微信营销思维

微信营销作为朝阳产业，具有很高的市场发展潜力和巨大的经济价值。但是我们若想真正做好微信营销，除了要看到它远大的发展前景，还要看到其发展的挑战所在。这样有助于我们提前树立良好的心态和理念，做到有备而战，进而在竞争日益激烈的微信营销市场中站稳脚跟。

我们在做微信营销前，除了做好必要的技术和产品准备外，还需要树立正确的微信营销思维。微信营销思维主要包括以下四个方面。

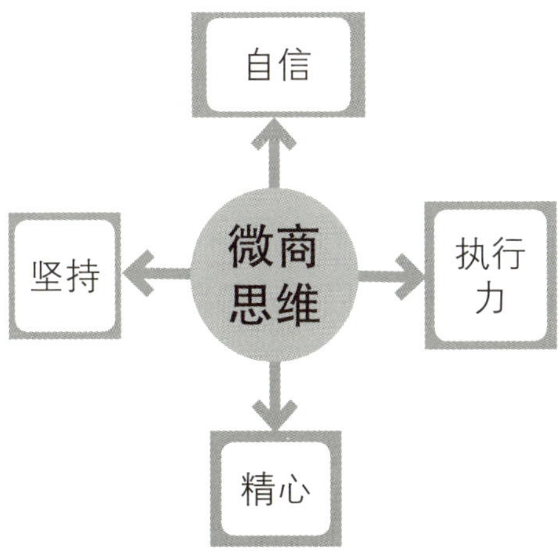

1. 自信

有位名人说过："只有自信者才能成功。"为什么这样说？因为自信者拥有远超他人的决断力和雄心壮志，这两者使他在无形中拉开了与其他人的距离，从而更加接近成功。

自信心在微信营销中同样重要。微信营销是一个新兴产业，很多人对它缺乏必要的了解，怀着疑虑和犹豫的情绪。从业者需要建立起强大的自信心，相信微信营销巨大的发展前景，相信自己能够成功，在做工作时不为他人的意见所动。这是从事微信营销的重要前提。

2. 坚持

微信营销是一个进入门槛很低的产业，几乎每个人都有能力去做。但是微信营销想要做好，实现经济创收，就需要一个较为漫长的积累过程。这种积累主要体现在粉丝数目的累积。只有拥有了众多支持和关注自己的粉丝，营销者才能做大、做强。

营销者若想增加粉丝数量，提升粉丝忠诚度，就要坚持在朋友圈内推送有新意的产品信息，吸引粉丝关注。这是一个长期的过程，见效较慢，短期内甚至会出现粉丝数量不变乃至减少的情况。在面对这些情况时，营销者需要保持一颗足够的耐心，日复一日地坚持下去。如此才能守得云开见月明。

3. 精心

人们想要做好一件事，大到建造一栋高楼，小到做一道家常菜，都需要精心。微信营销也是这样，它需要不断展现出自己优秀的一面，建立充满趣味性和内涵性的朋友圈信息，为客户提供良好的产品和优质的服务。这些东西都需要营销者去精心完成。营销者只有抱着一颗精益求精的心，不断完善产品信息和产品服务，才能将事业做好，创造良好的经济效益。

4. 执行力

营销者在做工作时，所有环节都要依靠自己去做，这是他人无法替代的。

哪怕有再多好的想法，如果不去实践，那也只能是一场空。所以营销者必须养成良好的执行习惯，想到就要做到，不要犹豫和观望。在很多情况下，微信营销发展极快，可谓是日新月异。举棋不定的心态会使营销者错过很多发展机遇，蒙受巨大损失。营销者需要树立早行动、多行动的理念，依靠实践活动抓住微信营销发展的良好时机，收获更多利益。

上述四个理念对于营销者来说，都是极为重要的思想准备。

1.4 如何用微信玩转新媒体

随着移动互联网时代的来临，新媒体营销越发火爆，这是一种有别于传统媒体（电视、广播、纸质传媒等）营销的全新营销方式，体现了网络时代下互动性、创造性以及关联性的营销特点。

最近笔者对于新媒体较为关注，并与很多商家进行了接触和交流，了解到他们正在通过微博、微信、门户网站、搜索引擎等平台，积极地开展新媒体营销活动，并取得了不错的效果。接下来，我们就以微信为例，讲述玩转新媒体运营的具体方法

1.定位

我们从一开始就要从以下三个维度来进行定位，并以此决定营销的整体基调。

用户定位	我们在开展营销活动前，需要弄清目标用户究竟是谁，他们具有何种特征，并以此为基做出用户画像

服务定位：我们要根据目标用户的特点，提供具有针对性的服务。这种服务要体现出差异化特点，例如针对学生的假期优惠活动，针对老人的保健知识推送服务等。从而在最大程度上满足不同用户的需求

平台定位：综合用户定位与服务定位的结果，我们可以对整个平台（微信公众号等）的特质进行定位，例如学术型平台、创意型平台和搞笑型平台等

2.运营

当我们做好营销定位之后，接下来就是具体的运营过程了。一般来说，我们要从以下三个角度来做微信运营工作。

◎内容运营

内容运营的东西实在是很多，从总体上看就是指每天推送的具体内容。我们要从各个角度、各个环节来打造内容，尽量把内容做得精美且细致。例如个性化的正文排版、单图文或多图文的推送形式选择、具有新意的二维码、醒目的标题等等。

◎用户运营

通过朋友圈、微信群、自定义回复、用户分组等功能，我们可以与用户建立亲切、友好的互动关系，并产生较为牢靠的信任感。例如我们可以在自动回复中设置诸如“您太有品位了”、“来了就是朋友，快请坐”等个性化语言，从而充分体现朋友之间随性、友善的特点，以此来提升用户的好感和黏度。

◎活动运营

在举办活动前，我们要先分析活动想要达成的效果，是想要拉新，还是要吸引更多用户关注，或是增加老用户的黏性，然后根据需要展开不同的活动。

例如，当我们想增加老用户的黏性时，就可以通过线上与线下结合的方式，利用线上通知，将线上用户引入线下沙龙分享会。这就是一种不错的活动方式，可以产生维系商客关系、提高用户好感度的效果。

1.5 如何判断自己是否适合微信营销

微博火了，于是许多人去做微博营销，结果成功的人寥寥无几。现在，微信成了营销新宠，一大波企业、公司、各色人等又开始向微信靠拢。那么，我们是不是也应该紧跟潮流踏上微信这条船呢？别太心急，笔者建议大家先站在一个清静的地方，认真地考虑一下：我为什么要做微信营销？我是否适合做微信营销？因为当太多人挤在一条小船上时，沉船的概率会更高。

有的人说："大家都在做微信营销，说明微信是个好东西，如果我不做微信营销的话，岂不是要落于人后被动挨打？"在这里，笔者要提醒大家：盲目跟风的结果往往要比挨打更糟糕。因为许多人在做同一件事情时，并不代表这件事是对的，比如大家都站在船的一边。所以，无论何时，我们都应该用客观的心态来看待新事物的发展，根据自身的实际情况来理性分析利弊。在这里，大家可以从下面这些方面来判断自己是否适合做微信营销。

1.微信会不会为你提高产品购买率

营销的最终目的说白了就是赚钱，如果微信没有使你的订单增加，那么这种营销模式对你来说就是无用的。与其花钱做白工，还不如将钱投到其他能够获利的地方。

2.微信能不能增加老客户的忠诚度，同时为你带来新客户

维系老客户最好的一个办法就是提高用户体验，让老客户享受更好的服务，如果微信能够做到这一点，并在增加老客户订单的基础上还发掘出了新客户，那么它对你来说就是有用的。

3.微信会不会简化运营流程，为你节约成本

相信每一个营销者都希望用最简单、最省钱的方式来提高收益。如果微信实现了这一目标，那么你就可以用省下来的时间、精力去研究其他的赚钱方法，从而拓宽自己的营销之路。

4.微信能不能完善客户管理机制，有效改善运营体系

如果微信能为你带来有价值的用户反馈，并为你建立起明晰的客户数据库，从而帮助你改善运营体系，那么就说明你适合微信营销。

5.微信会不会增加品牌宣传力度

“品牌效应”的影响力是有目共睹的，若是微信营销不能实现扩大品牌宣传的目的，或是起到了负面宣传的作用，那么它对你来说就不是一种好的营销方式。

可以说，只要能够实现上述五个主要方面中的任何一个，那么你就适合做微信营销。需要注意的是，在运营前期，微信营销带来的效果可能没有我们预想的那么大，这需要营销者保持良好的耐心，并结合自身的特点不断改进运营方式，相信结果一定不会让大家失望的。

1.6 在微信上可以卖哪些东西

笔者有不少经商的朋友，在微信营销火起来的时候，许多人问笔者："我们的产品适合在微信上卖吗？"实话实说，关于这个问题，笔者很难给出一个最佳的回答。因为不同的产品有不同的特点，微信虽然是一个不错的营销平台，但并不适用于所有的产品。所以，在做微信营销之前，大家一定要全面分析自己的产品，看看它的特点是否与微信的售卖特点相符。下面，笔者就为大家介绍一些适合在微信上销售的产品。

1.大众化的产品

例如农产品、文具、鞋子、服装、化妆品等，这些都是与人们生活息息相关的产品，需求量比较大，容易受到人们的关注。需要注意的是，产品的宣传一定要符合大众口味，最好不要用生硬的广告语来推销产品，以免引起用户反感。另外，在销售前期，大家要保证充足的货源，并合理规划订单。

2.受欢迎的"圈子产品"

所谓"圈子产品"，是指朋友圈中比较盛行的产品。这种产品不一定大

众化，但是在微信这个圈子中很受欢迎。笔者有一位朋友就对“圈子产品”很感兴趣，他自己比较喜欢红酒，并且认识一些不错的红酒商。有一次他随意在朋友圈中发了几张红酒图，没想到得到了许多好友的关注，有些人还请他帮忙代购。从一瓶、两瓶到几箱，不知不觉间他就在微信上做起了红酒销售，从中赚了不少钱。需要注意的是，销售这类产品之前，大家要对自己的朋友圈有充分的了解，并根据朋友的喜好将他们分为不同的类型，然后针对不同的朋友销售不同的产品。

3.短距离的产品

相信不少人都有网购的经历，当鼠标点下付款的一刹那，大家是不是都希望马上收到东西？笔者在网购时就有这样一种习惯：先看卖家所在地，优先选择同城卖家。因为这样的商品既可以减少等待的煎熬感，还可以省运费，如果有质量问题，调换起来也比较方便。所以，在微信上销售产品时，大家不妨将产品定位为短距离产品，这样可以快速吸引一些本地客户，而且同在一个地方还容易带给买家一定的信任感与亲切感，更有利于产品销售。

4.易消耗品

易消耗品就是指使用周期较短，容易引发顾客反复购买的产品。如面膜、护肤品、减肥产品等，都是属于此类范畴。如果售卖此类产品，因为成本低、购买周期短等优势，很容易取得较好的售卖效果。当然，产品的质量也要过硬，最好是优质品牌产品，这样才能赢得顾客的信任，引发重复购买行为。

在这里，笔者要提醒大家一点：不要将淘宝上的某些热销产品生搬硬套到微信上。因为有些产品的特点与微信本身的特色并不相符，这样的产品在微信上的销售情况通常不太乐观。

1.7 微信营销能为客户带去什么

在前面，笔者为大家讲了微信能创造什么价值。这些价值主要是针对营销者的，也就是营销者可以从微信中获取哪些好处。然而要实现这些好处，营销者首先要满足客户的需求。说白了就是，客户能不能从微信营销中得到自己想要的东西。在这里，我们需要弄清这样两个问题：（1）人们使用微信有什么目的？（2）人们通常在什么情况下登录微信？

关于第一个问题，答案可谓五花八门：有的人使用微信是为了交友，有的人是为了使用微信中的语音功能，有的人是为了更方便地接收 QQ 消息或邮件，有的人是为了阅读……当然，还有的人只是为了赶潮流，看到大家都在用所以自己才用。表面看来，这些人使用微信的目的似乎与营销没多大关系，然而这就是人们最真实的心理需求，是营销者创造微信营销价值的前提条件。

1.极强的互动价值

在现代企业的发展过程中，“互动”是一种重要的营销手段。商家需要与客户建立良好的互动关系，了解客户的真实需求，如此才能取得更好的发展前景。微信营销的独特优势便是利用微信平台展开营销，而微信平台又是一种很好的社交工具，这种工具的使用可以保证商家和客户实现一对一交流，且保密度极高。营销者可以利用这种社交模式，快速、及时地获取到客户的反馈信息，体现出极强的互动价值。

2.极强的曝光率和投放率

微信具有将消息直接投放到客户面前的功能，而且消息的投放率和曝光率近乎 100%。营销者可以充分利用微信的这个功能，将自身的产品信息与服务信息直接投放到客户面前，实现最优化的宣传效果。

3.开发多元化健康发展

很多人都有被人发送广告传单的经历，这些经历在大多数时候是让人不快的。传统的宣传模式便是这样，商家往往会采用强制发放广告传单的方式进行宣传活动，而不会去考虑客户的具体需求，这在实质上已经形成了扰民的后果。这种模式会令客户产生抵触情绪，不利于企业的发展。而营销者在微信平台上的宣传就可以规避这种不良模式，因为公众账号无法以主动的方式增添用户，用户在选择商家的公众号时，都是根据自身需要进行选择。营销者可以根据客户的不同需求，采取具有针对性的完善措施，从而开发多元化的健康发展模式。

4. 投入极低，收益极高

商家在其经营过程中，投入广告是十分重要的一环。广告的投入是一笔极大的开支，而且有时候会因为各种因素的制约，起不到很好的宣传效果。微信营销者在做广告时便可以有效解决这一问题。它可以在微信上构建如图片、文字及视频等多种广告模式，将做好的广告投放到客户面前。在这个过程中，营销者付出的不过是一点点流量，得到的却是极高的曝光率和极好的宣传效果。

第二个问题，不仅体现出客户的日常行为习惯，更是直接为我们揭露出客户的时间需求。时间是什么？时间就是效率，效率会创造财富，了解客户登录微信的时间，换言之就是提高了营销者的工作效率和利润额度。举一个很简单的例子，某个人喜欢在吃饭的时候看微信，而在其他时间会很忙，营销者若是在就餐时间段向他推送信息，那么该条信息被读到的几率会很大；相反，如果在对方很忙碌的时候推送信息，那么信息就很容易被忽略，也就谈不上创造营销价值了。

满足客户需求，表面看起来是为了让客户满意、为客户提供所需，事实上却为营销者开启了营销之门，有助于营销者创建完善的微信营销方案和客户管理体系，从而让客户与营销者实现各取所需的和谐局面。

1.8 发掘并善于运用自身优势

不知道大家有没有听过《骆驼和羊》的寓言故事，故事的内容是：骆驼个子高，可以吃到树上的叶子；羊个子矮，能钻过矮门吃到园子里的草。它们都以自身的优势为傲，为此吵得不可开交。这个故事带给我们的启示是：在微信营销中，大家要学会发掘并善于运用自身的优势，这样将有助于营销推广，增加微信营销成功的概率。

1.本身拥有一定数量的粉丝

在微信营销中，粉丝发挥着决定性的作用。如果你本身就拥有一定数量的

详细数据　　导出CSV

时间	新关注人数	取消关注人数	净增关注人数	累计关注人数
2013-10-25	58	10	48	17,203
2013-10-24	78	19	59	17,144
2013-10-23	93	14	79	17,071
2013-10-22	375	26	349	16,712
2013-10-21	55	16	39	16,666
2013-10-20	60	9	51	16,619
2013-10-19	57	11	46	16,578
2013-10-18	70	16	54	16,513
2013-10-17	70	20	50	16,471

粉丝，那么千万不要吝惜粉丝的力量，借助现有粉丝群进行微信推广，不仅有利于扩大粉丝群，还有可能创造更多的利润呢！

2.本身拥有多种宣传渠道

官方网站、论坛、社交平台、户外广告展位……无论是互联网，还是现实生活，如果你拥有各种各样的宣传渠道，那么多管齐下，以此来扩大自身影响力是一件再好不过的事了。

3.本身拥有一定的知名度

“品牌效应”蕴藏的潜力是无穷的。如果你的产品已经具有了一定的知名度，那么在做微信营销时，就可以充分发挥品牌的影响力，这样可以进一步提高知名度。

4.本身是某个领域的翘楚

我们都知道，行业之间的竞争是非常激烈的。若是你在某个领域小有名气，那么完全可以乘胜追击，进一步向周围扩散自己的影响力，开拓更广阔的市场。

5.本身在某个地域有一定的号召力

对于一些具有鲜明地方特色的微信公众账号来说，地域显然是一种无与伦比的优势。正所谓“我的地盘我做主”，大家可以充分发挥这一优势，在某个地理范围内创造成绩，然后逐步向外发展。

除了上述几个方面外，大家还要结合自身的实际情况，发掘自己其他方面的优势，只要充分做到“知己知彼”，那么“百战百胜”并不是不可能的事。

1.9 突破订阅号“被折叠”的局限

用户在聊天列表中不会直接看到订阅号发来的消息，而只能看到订阅号文件夹上的红色圆点提醒，只有打开该文件夹，才会看到各个公众账号发来的消息。也就是说，用户要想看到订阅号的内容，需要点击两次才行。大家可不要小瞧这多出来的一个小动作，要知道，在互联网世界，多一次点击相当于多了一道高墙，用户很可能会因为这道“围墙”而放弃阅读。这将对微信营销产生不良影响，从而降低营销价值。

难道“被折叠”后就只能慨叹命运不济吗？当然不是，只要采取积极的措施，我们完全可以突破订阅号“被折叠”的局限。

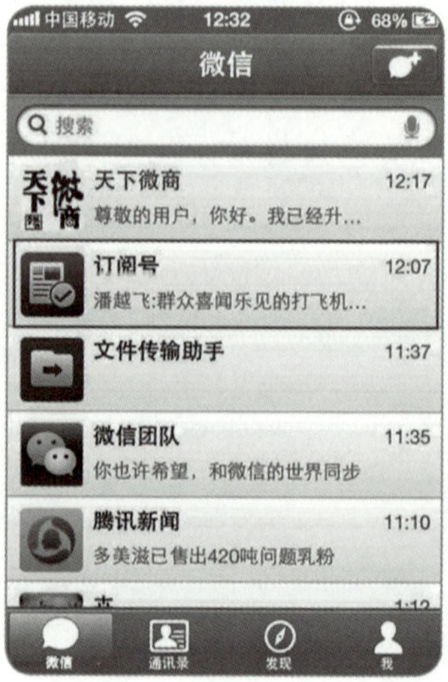

1.提升信息内容质量，增加分享几率

订阅号的主要功能就是向用户提供信息与资讯，“被折叠”后如果想要留住原有粉丝，公众账号就要在信息内容上多花一些心思，保证主题、编排等方面的亮点和看点，从而激发粉丝的分享欲望。

2.把握推送时间，增加用户阅读概率

许多人在忙碌的时候通常是没有时间登录微信的，所以公众账号在推送消息的时候要注意避开人们工作的时间点，尽量选择大多数人都比较闲的时间段，例如中午吃饭时、晚上下班后等，这样可以保证人们有足够的时间来查看信息。关于时间推送的方法，我们会在后面为大家详细讲解。

3.邀请客户关注公众账号，增加关注度

无论是个人公众账号，还是企业公众账号，大家首先要做到被“自己人”关注，然后在推广宣传或发展业务时邀请客户关注，通过“人带人”的方式来增加信息阅读量。

其实，订阅号“被折叠”并不完全是一件坏事，它也有好的一面，例如，进一步优化了微信公众账号。因此，营销者大可不必为“被折叠”而黯然神伤，只要从多个方面寻求突破口，照样可以获得很好的营销价值。

1.10 全面提升服务号的关注度

与订阅号相比，服务号就显得“内向”多了，因为它每个月只能向用户群发4条信息，这与订阅号每天1条的发送频率相比实在有些少得可怜。正因为如此，服务号很容易被人们淡忘。笔者就关注了几个服务号，而且经常因为它们没动静而忘记了它们的存在。被用户遗忘，这无疑是微信营销中的一个硬伤。那么，我们该如何提升服务号的关注度呢？在这里，笔者就为大家支儿招。

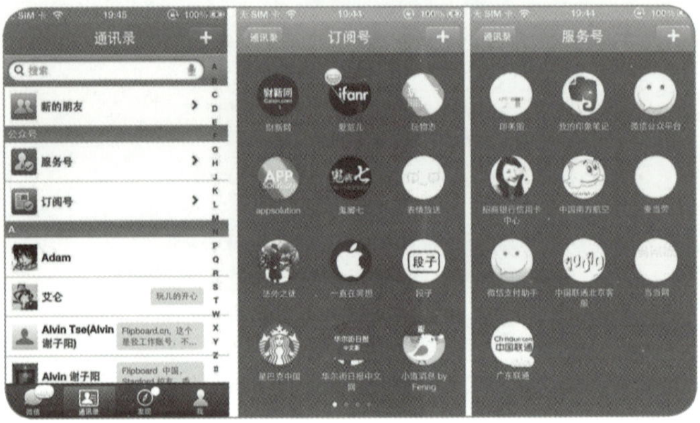

1.充分发挥自定义菜单的功能

服务号，顾名思义，是以服务为主的公众账号。若想提升服务号的关注度，营销者首先要做的事情就是全面提升服务质量。除了每月4条群发消息外，公众账号本身是无法主动与用户沟通的，这时公众账号就要想办法让用户主动与自己联系，而自定义菜单就是其中的最佳互动利器。营销者要以服务用户为主，精心设计自定义菜单的功能，为用户提供有价值的帮助和服务，这样就会在最大程度上增加用户关注度。

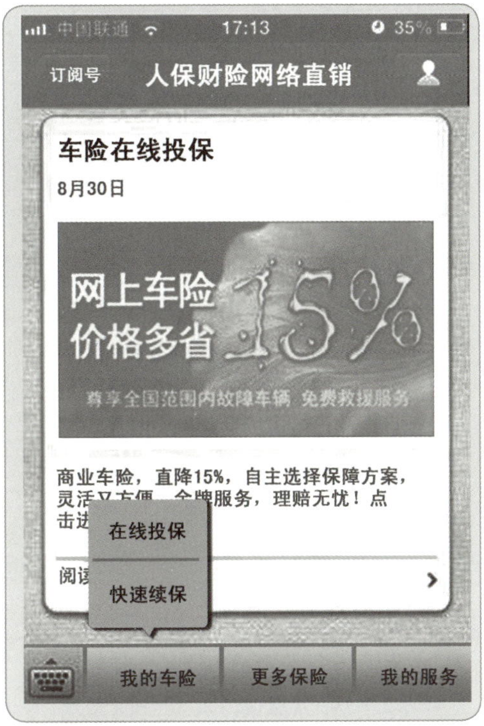

2.合理使用4条群发消息

其实，服务号在刚推出的时候每月只能群发 1 条消息，现在信息数量提升到 4 条，已经在无形中增加了服务号的关注度。但是，这还远远不够，我们还需要合理使用这 4 次机会。笔者建议，大家不要一次性将 4 条消息全部用光，最好隔一段时间发送 1 条信息，这样可以不断提醒人们关注。在内容方面，要体现出专业性、服务性、可读性特点，让用户看到信息的价值，以此激发用户的阅读兴趣。

3.开展粉丝互动活动

服务号可以不定时地开展一些粉丝互动活动，运营者要鼓励用户积极参与活动，这样可以提高服务号的活跃度。

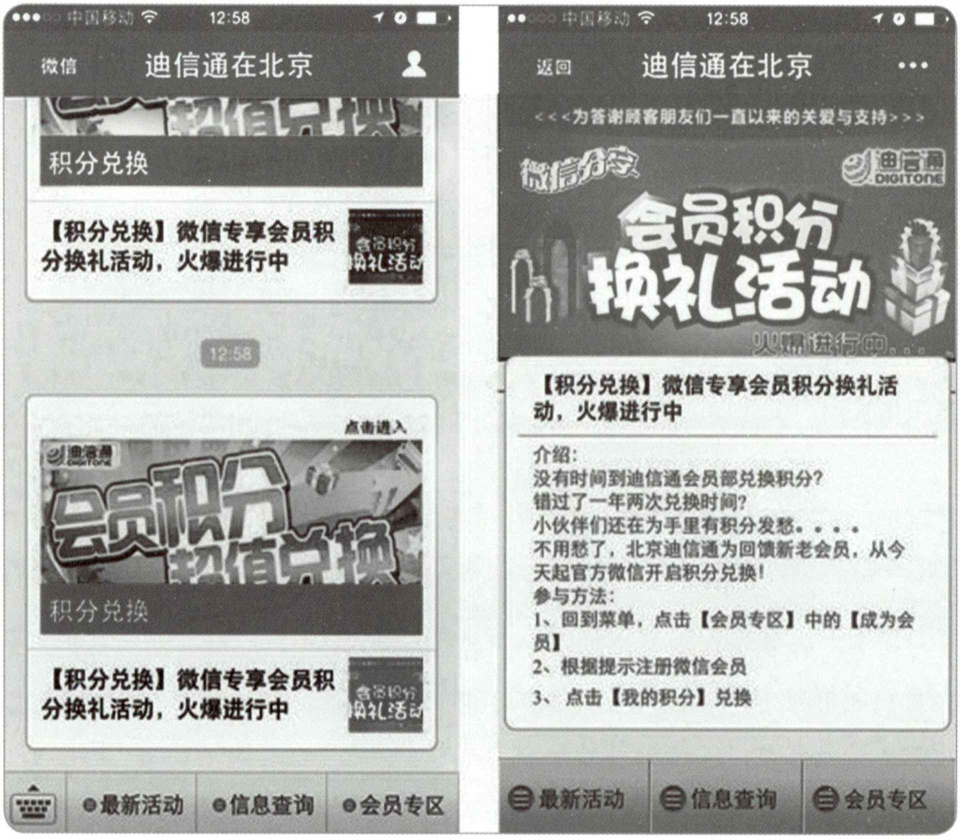

4.通过其他平台增加曝光率

营销者可以将服务号的二维码放在其他公众平台上推广，如网站、论坛、微博等；还可以借助实体媒介进行宣传，例如将二维码印在纸质宣传单、水杯等物品上，这样可以增加服务号的曝光率。

在这里，笔者要再次强调，无论采用什么方式来提高服务号的关注度，大家都要以“服务”为核心，只有为用户提供有价值的服务，服务号才能健康发展下去。

1.11 抓住企业号的商机

继订阅号、服务号之后，微信公众平台在 2014 年又推出了一个全新的功能——企业号。这一功能是专门针对企业设计的，主要用于企业办公，它可以方便企业管理员工、开展会议、为合作伙伴提供专项服务等。2014 年 9 月 18 日，企业号正式对外公测。那么，它具有哪些营销价值呢？在这里，笔者就为大家一一详解。

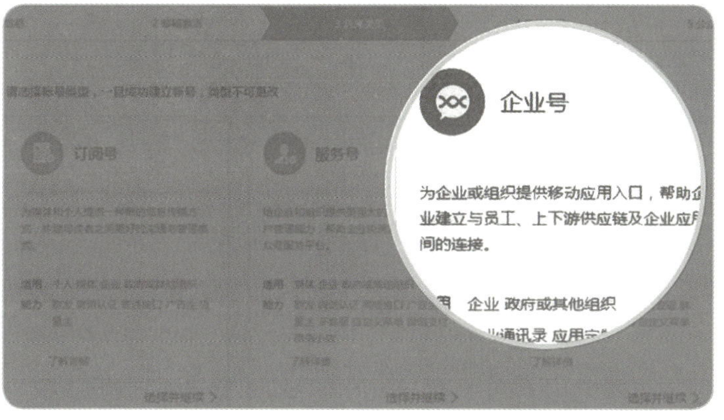

价值一：曝光率高

在微信中，企业号会直接出现在聊天界面中，不会被折叠起来，这就意味着企业号具有较高的曝光率，更容易吸引用户关注。

价值二：便捷性高

企业号本身就是一个微信公众账号，但它还可以同时配置多个“子号”。也就是说，一个企业号可以接入多个微信服务号，用来管理自身的不同应用。这就使得企业号可以更加便捷地管理自身的微信公众平台，并为用户提供更多、更好的服务，从而扩大自身用户群。

价值三：推广率高

与订阅号、服务号不同，企业号群发消息不再受限制。这就意味着企业号可以自由地推送产品信息，并根据自身需要制定更完善的信息推广模式，进而实现精准、高效的营销推广。

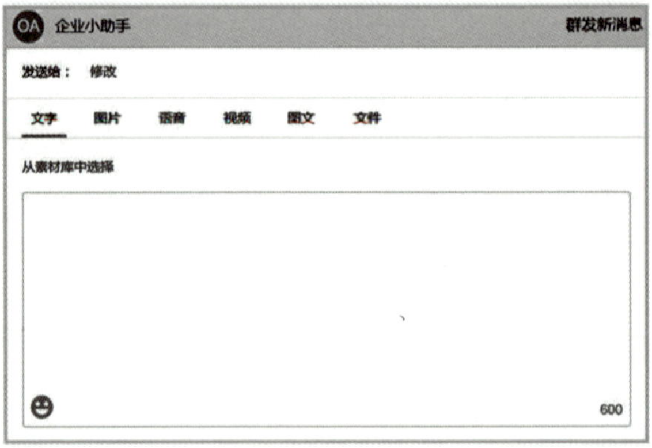

价值四：工作效率高

开通企业号后，企业就可以在微信公众平台上管理员工，实现无边界办公、无纸化办公等功能。这样既可以提高工作效率，又能节省行政管理成本，使企业管理更加人性化、移动化。此外，企业号还能直接与企业原有的 IT 系统对接，这样一来，企业就不必花费高额资金开发第三方应用，这就有效地节省了企业成本。

当然，要想通过企业号实现营销目的，大家还需要合理地开发企业号的功能。虽然它现在刚刚起步，但是我们不难想象，随着微信公众平台的不断开发，企业号将会展现出更多、更强的营销功能。若是大家能及时抓住这一商机，相信它会创造出更多令人惊喜的价值。

1.12 如何建立自己的客户群

随着微信公众平台关注度的不断提高，许多营销者开始为管理客户群而发愁。针对这一问题，微信产品团队在微信公众平台上推出了“数据统计”菜单，为营销者提供了用户分析、图文分析、消息分析和菜单分析四大功能。在这里，笔者简单为大家介绍一下这些功能各自有什么作用。

用户分析	帮助营销者统计用户群，营销者可以从中获知有多少人关注、有多少人取消关注等。
图文分析	让营销者清晰地看到信息送达率、阅读图文页消息的人数、阅读原文页消息的人数、分享转发消息的人数等数据。
消息分析	主要记录用户向公众账号发送了多少消息，消息数量越高，说明“真人粉”越多，客户的活跃度越高。
菜单分析	指的是微信公众号的下置菜单和子菜单被人点击数量的统计数据。如果往下拉页面，也可以看到曲线图和具体数字的分析以及对比情况。

此外，通过“数据统计”，管理者还可以查看第三方接口数据，了解第三方接口的消息发送成功率、失败率、平均耗时等信息，从而有效管理第三方平台。借助这些统计功能，营销者可以做好登记工作，将客户的 QQ 号、手机号、邮箱号等信息建立成档，并以此为基，根据自身实际情况来建立、管理自己的

客户群。

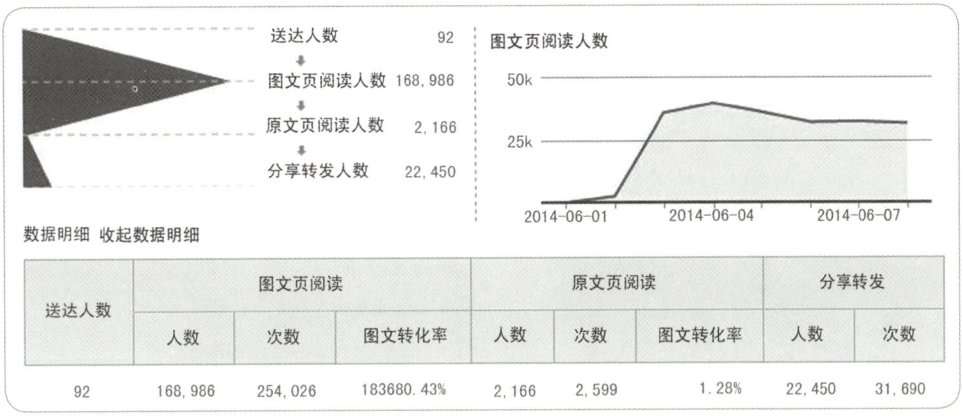

送达人数	图文页阅读			原文页阅读			分享转发	
	人数	次数	图文转化率	人数	次数	图文转化率	人数	次数
92	168, 986	254, 026	183680. 43%	2, 166	2, 599	1. 28%	22, 450	31, 690

那么，面对庞大的客户群，我们怎样才能做到有条不紊的管理呢？在这里，笔者就为大家介绍一下客户群的分组管理方法。

客户分组管理方法

1. 将微信公众平台网页版打开，依次输入账号、密码和验证码，选择“登录”选项，进行登录。

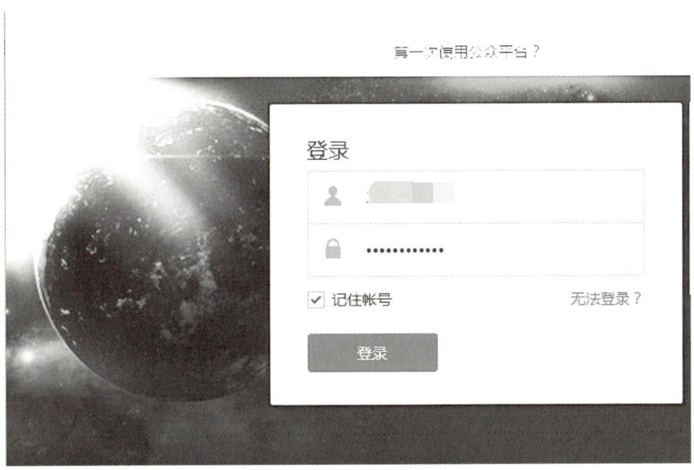

2. 在新界面中点击左下方的“用户管理”，进入相应界面。

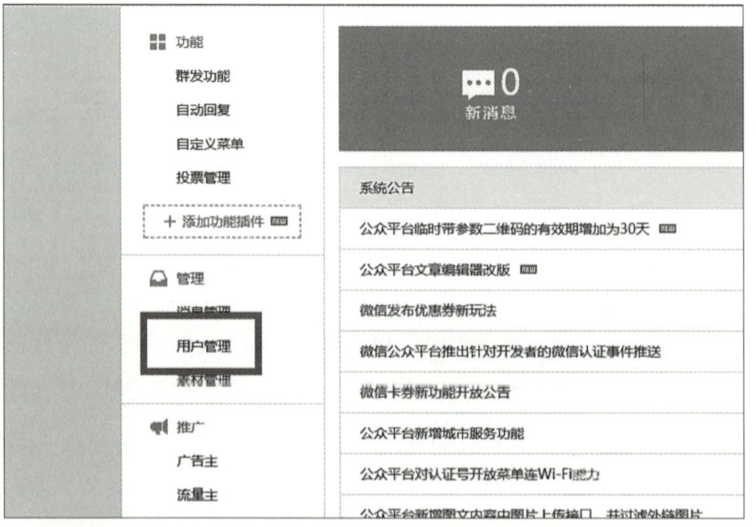

3. 选择右上方的“新建分组”选项，登录下一界面。

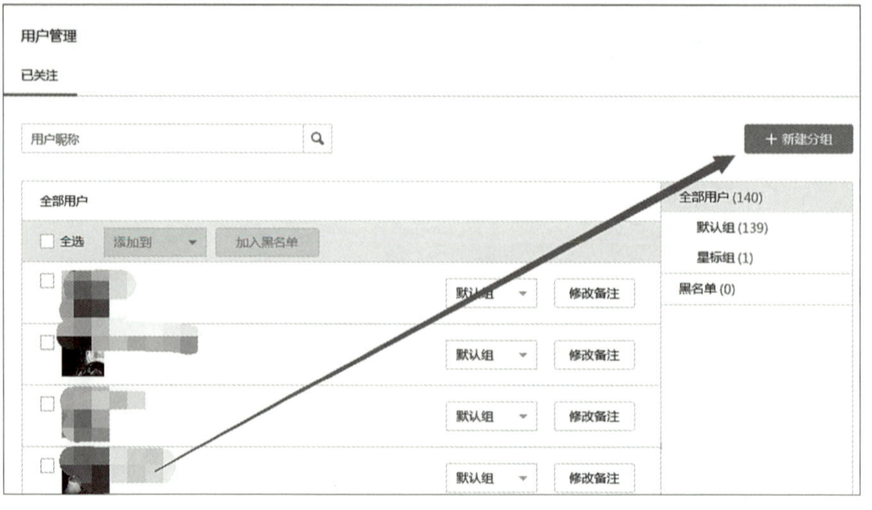

4. 输入分组的名称，输入完毕后选择“确定”选项。

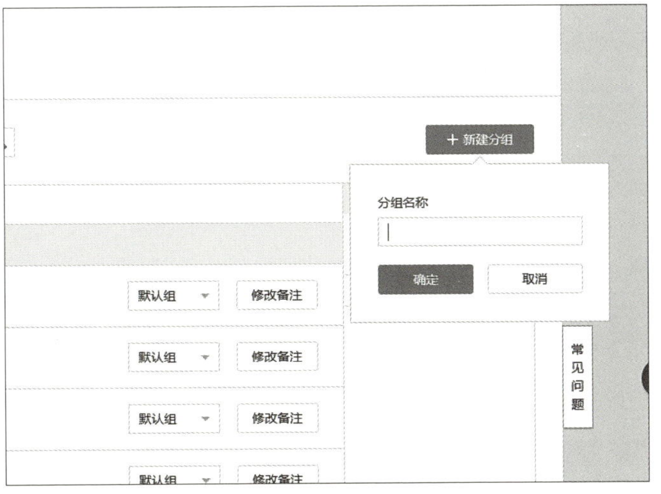

5. 勾选需要选择的用户，然后选择“添加到”选项。

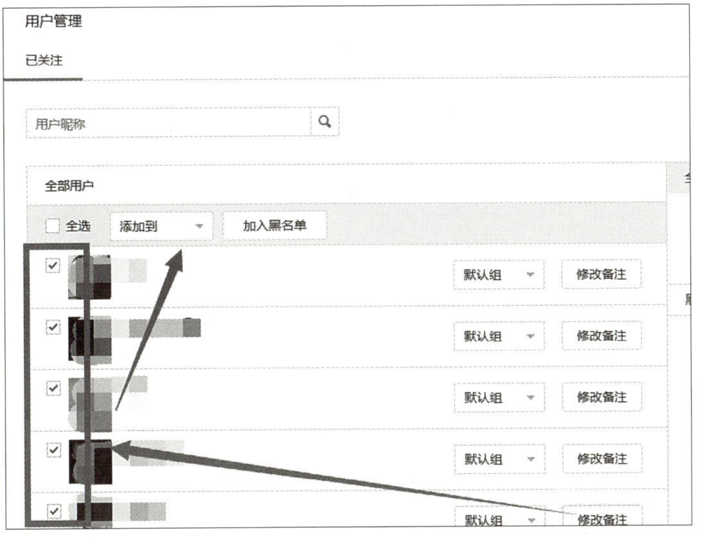

6. 此时可以看到新建分组的名称，点选这个分组就行了。

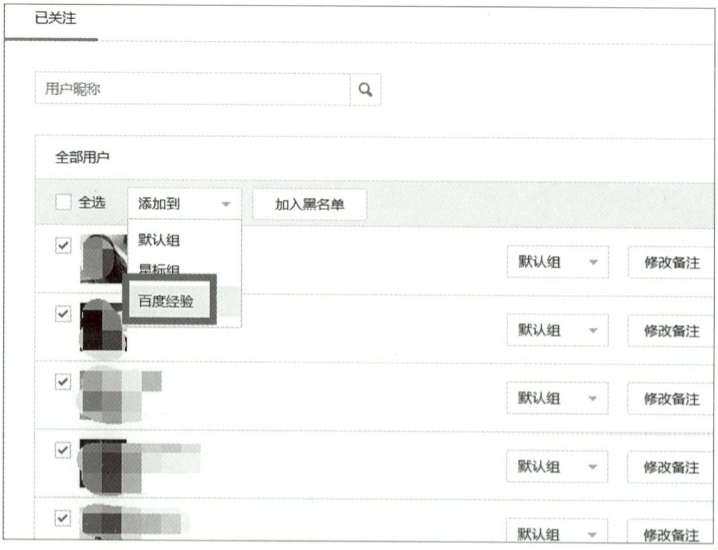

7. 以上步骤完成后，我们就能够在新建分组中找到添加的用户，从而对其进行区别管理。

1.13 从竞争对手那里“取经”

随着微信营销大军的不断壮大，行业之间的竞争也变得日趋激烈。除了运用各种方法进行营销活动外，大家不妨从自己的竞争对手那里“取经”。而竞争对手之所以能够成为“对手”，就是因为他的实力能够与我们相抗衡，而且在很多时候，对手的实力要胜过我们一筹。为了不断提高自己，我们完全可以充分利用“对手”这一资源，为自己充充电。在这里，笔者建议大家可以从以下几个方面入手。

1.关注竞争对手的微信公众账号

认真总结分析对方信息的亮点、内容编排方式、与客户的互动方式、推送时间、推送方法、目标客户群等各个方面，从中找出值得我们学习的地方，以弥补自己的不足之处。

2.关注竞争对手的微博、网站等互联网平台

互联网平台上往往蕴藏着巨大的信息量，我们不仅可以从中看出对手的产品特色、常用的营销方式、最为关注的营销内容，还能够据此分析其未来的发展走向。这些都是值得我们学习的方面，只要认真研究这些，使自己变得强大

并不难。

3.关注有实力的竞争对手

同行之中可能有许多人是我们的竞争对手，我们可以从中精选几个颇具实力的对手，将他们各自的特点总结出来。以此达到博众家之长的目的，这样将更有助于我们进步。

当然，除此之外，大家还可以从其他方面向竞争对手学习。需要注意的是，要用客观的心态来看待对手，最好不要夹带负面情绪，否则将不利于提高自我。

1.14 规避微信营销中的误区

微信营销虽然具有不可估量的价值，但是其中也蕴藏着一些误区。营销者不仅要学会辨识这些不利因素，还要根据自身情况采取必要的抵御措施，这样才能保证微信营销顺利进行下去。那么，微信营销中一般都藏有哪些常见的误区呢？

第一，对微信工具缺乏了解，盲目跟风

微博营销的热度还没散去，微信营销就以迅雷不及掩耳之势出现在人们面前。有些人加入微信营销大军并不是出于自身需要，对微信的各种功能也缺乏必要了解，他们只是纯粹为了跟风，这就掉入了微信营销的陷阱之中。要知道，微信营销适合许多行业并不代表它适合任何行业，盲目跟风只会消耗人力、财力，很难为营销者创造价值。此外，操作上的不熟练也会造成事倍功半的效果，无法发挥出微信营销应有的价值。

规避措施：在打算做微信营销之前，大家最好先对自己做一个全面的分析，并认真学习微信平台的操作方法，看看自己是否适合这种营销方式。

第二，急功近利

在微信公众账号中，我们经常会看到一些广告、账号推荐等信息。如果营销者只是将微信当做一个广告平台的话，那么将很难从中获得利益。因为这种急功近利的心态很容易遭致用户反感，最终导致被用户取消关注的恶果。

规避措施：营销者可以在文章结尾处略带一些妙趣横生的小广告，这样既可以实现推广目的，还能增加信息的趣味性。但是需要注意的是，要避免频繁发送纯粹的广告信息。

第三，一棵树上吊死

在经济飞速发展的现代社会，微信营销只是营销大家族中的一员，如果只依赖这一种方式，营销者很容易陷入被动的局面。

规避措施：结合自身实际情况，选择多种营销方式，如微博营销、论坛营销、电话营销等，多管齐下，主动掌控局面。

第四，自命清高

笔者多次向大家强调，粉丝在微信营销中占据着重要的地位，如果营销者摆出一副“只要产品好，不怕没关注”的清高态度，而不注重培养粉丝，那么最终将落得一败涂地的下场。为什么有的企业会不惜成本花钱买粉？就是出于这个原因。

规避措施：营销者应该时刻关注粉丝数量，并不断提高粉丝质量。具体方法是：制定合理的客户管理机制，有目的、有计划地发展粉丝群。

1.15 组建微信营销团队的好处

如今的时代讲求资源整合与合作共赢，单打独斗已经愈加不合时宜。对于微信营销者来说更是如此，仅凭一个人的力量很难在竞争日趋激烈的市场中生存。所以，微信营销者需要打造属于自己的团队，凭借团队的优势在市场中抢占先机。

1.完整的组织架构

完整的组织架构使得管理层工作起来更加有效，能够站在宏观的角度把团队的各个环节连接在一起。只有做到这一点，微信营销团队在面对挑战时才能做到有效配合，从而共同解决问题。同时，如果组织构架完整，人员配备充足的话，也可以根据成员的特点和能力来分配工作岗位，从而实现团队人力、物力、财力等资源的最大化利用。

2.强大的应对挑战能力

在面对企业和品牌商所带来的压力时，个人营销者往往由于独木难支而面临被淘汰的危险。而微信营销团队则可以依靠分工合作与合力优势，把压力转化为动力，从而采取灵活多变的措施，做出有效应对。

3.强大的思维能力与创新能力

一人计短，两人计长。团队成员在不断交流学习中，所产生的思维能力与创新能力是个人无法与之相比的。这种强大的能力可以帮助团队在微信营销市场中迅速站稳脚跟，抢占目标市场的先机，从而给团队带来巨大的利润和效益。

1.16 微商圈子的发展史

在全新的经济形势下，各式各样的产业都面临着市场转型，作为依托微信平台产生并发展的新兴群体，微商生存的大环境也因此产生了不小的变化。这种变化不仅为微商提供了不小的发展机遇，也为微商提出了新的发展要求，那就是在原有的基础上做出适应环境的改变。

微商要想做出正确的改变，更好地适应大形势，实现自己的长期健康发展，就需要看清微商产业发展的过去、现在和未来。接下来，笔者将对这三方面进行逐一分析。

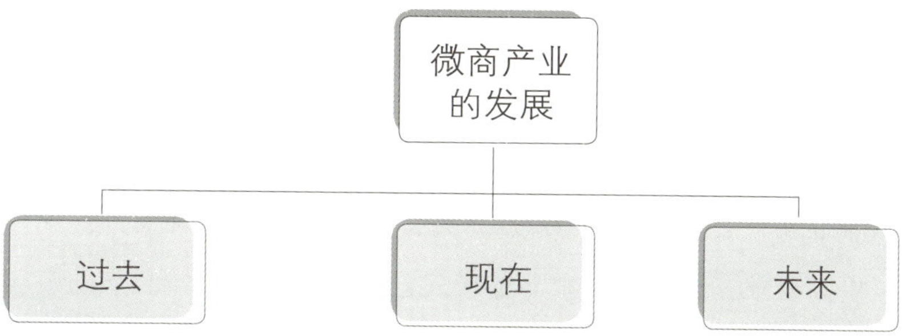

1. 过去

微商在过去的发展主要表现为快速抢占市场和选择优势项目。

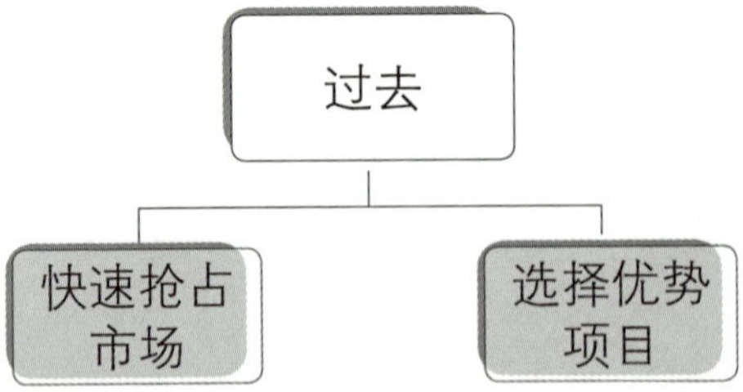

① 快速抢占市场。在这个时间段，成功的微商具有很强的执行力，在市场的空白期以极快的速度抢占市场，做到一步先步步先，确立起自己的竞争优势。

② 选择优势项目。独到的项目选择眼光对微商来说，是一个很关键的因素。很多微商看到了当时最具潜力、客户需求量最大的优势项目，果断投入其中，掌握了相关产品资源，最后赚得盆满钵满。

2. 现在

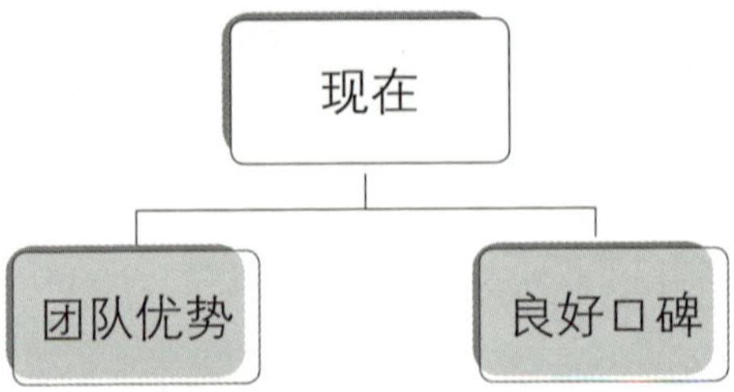

微商发展的现状，更多表现在依靠团队优势，树立良好口碑。

① 团队优势。随着微商市场的正规化和成熟化，市场对微商产业的具体分工提出了更高要求，原来单打独斗的模式已经无法满足日益激烈的市场竞争需要，必须要依靠团队的优势，才能进一步提高微商在市场中的竞争力和战斗力。

② 良好口碑。在微商快速发展的今天，良好的口碑体现了客户对微商产品的认可和信赖，成为其立足市场、实现自身发展的关键所在。这往往需要微商提供最好的产品和相关服务，以此来达到吸引粉丝、增加产品销售额的目的。

3. 未来

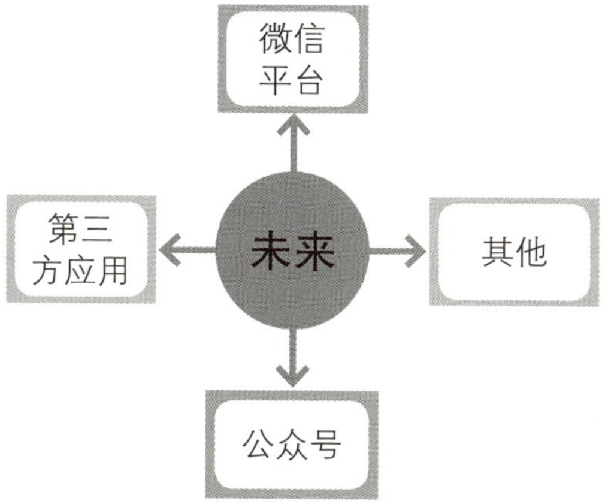

微商发展的未来主要体现在建立强大的技术支持平台上。其中包括如何更好地利用微信平台进行营销，如何加入第三方应用，如何建立及应用公众号实现产品宣传等诸多方面。这种发展趋势对微商提出了更高的素质要求，不但需要微商努力学习相关专业类技术，更需要微商具备敏锐的市场眼光和良好的创新意识，如此才能将自身产业优势和市场实际更好地结合起来，从而实现利益创收。

在移动互联网不断发展的今天，人们越发喜欢在微信平台上进行购物行为。微商的发展适应了这一趋势，前景十分远大。这也促使更多人进入到微商市场中，增加了微商产业的竞争力度。微商需要充分认识到本产业在过去和现在的发展情况，树立远大的目标，为适应微商产业在未来的发展而不断调整自己的脚步，这样才有机会取得最终的成功。

Part 2

没粉儿怎么行？了解微信营销的粉丝运营策略

无论是做微博营销，还是微信营销，我们经常会听到诸如“你有没有加粉儿？”、“粉丝量达到了多少？”、“有多少真粉儿？”等疑问，那么，粉丝到底是什么？它在营销中究竟有什么作用？简单来说，粉丝就是对某一产品感兴趣的人，这些人可能是真正的客户，也可能是潜在客户。在微信营销中，粉丝不仅能帮助公众账号申请认证，还可以为其带来可观的利润。毫不夸张地说，粉丝之于微信营销，就像水之于鱼，其重要性不言而喻。在“粉丝经济”盛行的时代，每一位营销者都应该将粉丝放在极为重要的位置，了解并掌握粉丝的运营策略。

2.1 快速吸粉的9大方法

在微信圈子中，我们有时会看到这样一种现象：一个刚“出道”没多久的微信公众账号，一眨眼就从一个名不见经传的小号变成了一个家喻户晓的热门账号。原因何在？看看它的粉丝数量你就会明白，快速扩大的粉丝群就是促使此类账号迅速崛起的主要原因。细心的读者一定发现了，笔者在一句话中接连使用了两个形容速度的词：“快速”、“迅速”，是的，这就是笔者要为大家介绍的最基本的粉丝运营策略——在短时间内吸引大批粉丝关注。

乍看之下，这种快速吸粉的营销方式有些急功近利，但值得一提的是，迅速扩大的粉丝群会为公众账号奠定一定的“群众基础”，起到有效的营销宣传作用。而且这一方式与当下经济发展的“快节奏”特点也是相符的：快，有助于抢占市场。在这里，笔者为大家总结了9大快速吸粉的方法。

1.将微博“粉”转化为微信“粉”

将微博头像设为微信二维码，同时在微博上发布与微信公众账号有关的信息。如果拥有广泛的微博粉丝资源，营销者还可以与其他微博大号进行资源互换，进一步扩大自身的宣传范围。不过，这种方式不适合在微博上频繁使用，否则会让微博出现掉粉现象。这时，营销者可以选择一种较为温和的方式来推广微信公众账号，就是将微信二维码放在微博配图的最下方，这样就可以让微信推广信息与微博用户“天天见”，实现吸粉的目的，而又不至于让微博被大篇幅的推广信息抢占。

微博的转发量和阅读量是非常惊人的，通过这一平台来推广微信公众账号往往可以取得立竿见影的宣传效果，从而在很短的时间内发展一大批粉丝。

2.微信互推，粉丝翻倍

微信互推是微信涨粉速度最快的一种方式，用微信私号带动企业微信公众账号，将自身的微信好友转化为公众账号粉丝，然后借助微信好友的分享功能进一步扩大粉丝群。当粉丝数量过千后，营销者可以和其他热门微信号合作互推，这种方式可以起到十分显著的吸粉效果，每次往往能吸引上百名粉丝关注。不过，营销者需掌握好度，谨防被人举报。

3.众人助推

如果营销者有一定的资源，还可以开通一定数量的微信小号，然后添加亲朋好友、公司员工等身边的人，借助众人的力量，通过群发名片、信息等方式来宣传微信公众账号，逐步扩大自己的影响力。这种“熟人带熟人”的方式会产生“滚雪球”的效应，有助于公众账号迅速吸粉。

4.借助手机通讯录和QQ快速吸粉

对于那些拥有一定客户群的人来说，从手机通讯录中获取粉丝是一种十分便捷的方法。将手机通讯录中的客户手机号码导入微信，如果对方开通了微信，他就有可能成为你的微信粉丝。

此外，QQ 也是一个资源非常丰富的“吸粉”平台。营销者可以将 QQ 头像设为微信二维码，在 QQ 群中发布微信公众账号的相关信息，将 QQ 好友转化为第一批微信粉丝，通过好友来推广自己的信息。除此之外，营销者还可以在 QQ 上建立“互粉群”，借助 QQ 空间、QQ 邮箱等平台向更多的人发送有价值的资讯，从而发展更多的粉丝。

这种方式还适合其他社交应用，例如陌陌、遇见等。

5.通过官方网站来吸粉

在产品的官方网站上投放以微信二维码为主体的视觉导向信息，同时设置有吸引力的短线互动活动，通过赠送礼品、积分等方式来吸引网络用户的注意力，并调动他们的参与积极性，将网络用户转化为微信粉丝。

6.在各大网络社区留下“足迹”

笔者的一个朋友最近在微信上做起了生意，于是乎，新浪博客、百度贴吧、豆瓣、知乎等诸多网络社区都出现了他的微信产品信息。从营销的角度来看，朋友的这种推广方式是值得借鉴的，需要注意的是，推广软文一定要写好，若是能用心做好这一点，那么微信粉丝数量激增是早晚的事。

7.通过营销活动来吸粉

这种方式通常分为线上活动和线下活动，两种方式既可以相互独立，也可以合二为一，灵活性十分强，而且针对不同的行业有不同的营销策略，在后文中笔者会为大家详细介绍，在此就不一一说明了。一般来说，营销活动的吸粉能力是非常可观的，只要有创意、契合受众的心理，那么粉丝暴涨并不是什么稀罕事。这种方式要比传统的硬性广告更容易提高粉丝转化率。

8.借助小硬件来吸粉

所谓的“小硬件”是指公司宣传册、DM 直投广告单、名片、易拉宝等小成本的宣传载体，将它们作为宣传微信公众账号的渠道，把推广信息与二维码印在这些物品上，能够在较短的时间内吸引数量可观的粉丝。这种方式既在一定程度上节省了宣传资本，又能很好地实现宣传目的，可谓一举两得。

9.“买粉”也不失为一种策略

随着微信营销的影响力越来越大，“买粉”逐渐成为行内默认的一种吸粉方式。尽管这种方式有失公允，但它也不失为一种策略，毕竟在短时间内，它能够实现快速涨粉的目的，从而有效增加微信公众账号的曝光率。当然，前提是营销者要有一定的经济基础。

此外，如果有条件的话，大家也可以借助传统媒介来吸粉，例如报纸、杂志、广播、电视等。需要强调的是，快速吸粉的目的是为了在短时间内增加微信公众账号的曝光率，从而实现有效的营销宣传目的，但这种方式并不能保证微信公众账号越做越大。其中的具体原因，笔者会在下一节中为大家详解。

2.2 怎样分辨“真人粉”与“僵尸粉”

在微博营销中，我们经常会听到“真人粉”和“僵尸粉”的说法，在微信营销中，这两种说法同样存在。那么，什么是“真人粉”？什么是“僵尸粉”？他们对微信营销有什么影响？我们应该如何区分两者？下面，笔者就为大家做一个详细的介绍。

“真人粉”VS“僵尸粉”

类型	特点	对微信营销的影响
真人粉	由真实的用户注册而成，活跃度高，一般来说有基本的个人信息，拥有真实的朋友圈，真正关注某个产品。	真人粉会对营销者产生直接或潜在的价值，如提升产品知名度、增加产品销售额等。这种粉丝是最受营销者欢迎的粉丝类型。
僵尸粉	虚假粉丝，多是由系统自动生成的恶意注册用户，其特点是有名无实、活跃度极差，可以花钱购买。通常表现为没有头像、没有基本信息、没有好友关注等。	在微信营销初期，刷僵尸粉可能有利于公众账号通过微信认证。但是，僵尸粉不会对营销者产生任何经济价值，如果粉丝群中大部分都是僵尸粉的话，那将会对微信营销的正常发展产生不良影响。

通过上述对比我们可以得出一个结论：要想做好微信营销，我们就要大力发展“真人粉”，减少并防范“僵尸粉”。除了根据基本特点来区分两者外，我们还可以通过公众平台数据统计来对他们进行整理归类，并通过建立明晰的客户群来发展“真人粉”，防范“僵尸粉”。

2.3 提高粉丝质量的技巧

为什么有些微信公众账号粉丝数量很多，但是营销效果并不好？而有些公众账号粉丝数量虽然不算多，却能收获良好的效益？其主要原因就在于粉丝质量。只有保证“真人粉”稳步、快速地增长，微信营销才有可能产生显著的效益。所以，营销者在发展微信粉丝的时候要重点关注“真人粉”，培养粉丝的忠诚度，这样才能不断提高粉丝的质量。在这里，笔者就为大家介绍几种提高粉丝质量的技巧。

技巧一：提供粉丝喜闻乐见的资讯与服务

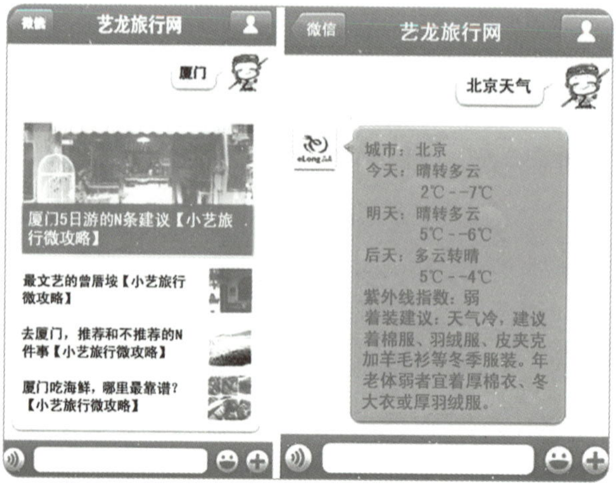

在这个信息满天飞、服务五花八门的时代，人们缺少的不是信息量和服务量，而是真正对他们有用的资讯与服务。因此，要想提高粉丝的质量，营销者就要“想粉丝所想”，提供粉丝喜闻乐见的资讯与服务，真正做到让粉丝心满意足，这样不

仅有助于营销者发掘潜在“真人粉”，还能够提高老粉丝的忠诚度。

技巧二：与粉丝一对一沟通

互动是微信营销中必不可少的营销方式，然而真正能够提高粉丝质量的互动还要数一对一沟通。这是一种典型的情感营销方式,能够让粉丝产生“被重视”的良好感觉，从而使营销者赢得粉丝的信任感。当然，我们都知道公众账号无法主动联系用户（群发除外），这就需要营销者鼓励粉丝互动。例如，设置互动游戏、在文章结尾附上鼓励用户评论的信息等。在互动时，营销者可以运用文字、图片、表情、语音、视频等多种推送方式，这样有助于提高粉丝的参与积极性。

技巧三：为粉丝贡献特别的价值

所谓“特别的价值”是指营销者借助微信公众平台开展新颖的营销活动，并让粉丝从中得到实惠。例如，抽奖活动、投票活动、团购、优惠券等，这些活动既能吸引新粉丝参与，还能进一步巩固老粉丝的忠诚度，有助于营销者扩大粉丝群。

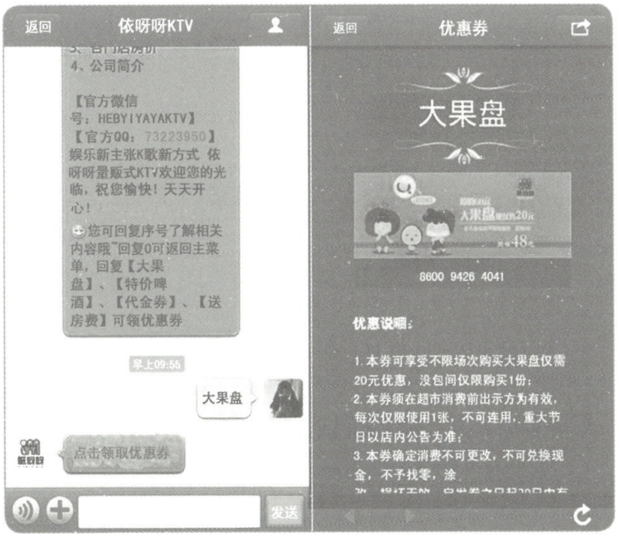

技巧四：引发粉丝的情感共鸣

在移动互联网时代，粉丝之所以对我们进行关注，更多是出于一种心理上的认同和情感上的共鸣。所以，我们在经营过程中要以粉丝的情感需求为出发点，通过情感包装、情感促销、情感广告、情感设计等手段，努力唤起粉丝潜藏在内心深处的情感，将情感与营销结合起来，从而在最大程度上引发粉丝的好感。例如，金利来的广告语“金利来，男人的世界”，短短八个字，充分表现出男性追求卓越、追求成功的心理需求，使他们在情感上产生共鸣，进而取得了良好的营销效果。

除了上述这些技巧外，营销者还可以根据自身情况从其他细节方面入手。只要能够做到让用户喜欢、被用户信任，那么拥有一大批忠实、高质量的粉丝将不会是一件难事。

2.4 利用产品吸引粉丝的技巧

在微信大红大紫之后，很多人热衷于进入微信营销圈子，但对于自己到底应该经营何种产品却是不甚了解。这是大多数微信营销新人都会面对的问题，而且并没有统一的解决方案。因为营销者需要根据自身的特点，选择恰当的产品进行经营和销售，这样才会产生积极的经营效果。当然，营销者在选择产品时，还是有一些共性的规则存在。接下来，笔者将介绍一些共性的产品选择方案，以供大家参考。

- 易于为大众接受的产品
- 朋友圈产品
- 传送距离短的产品

1. 易于为大众接受的产品

人们更关注与自己生活有关的日常产品。这些产品受众最广、需求量最大，也最容易得到人们的青睐，如衣服、鞋子、清扫用具等，都属于这类产品。微信营销者选择该类产品进行经营可以起到快速打开销售市场、培养大量忠实客户的目的。需要注意的是，商家在经营此类产品时，一定要注意走实用路线，强调产品的实用性，这才是争取客户支持的关键所在。

2. 朋友圈产品

朋友圈产品是指那些在朋友圈中卖得较多、较好的产品。这类产品的受众不一定是最广的，但它们却很受微信用户的欢迎。商家可以通过经营此类产品，达到吸引大量微信用户关注的目的，并将他们发展成为自己的粉丝，进而产生营销价值。

3. 传送距离短的产品

人们在网购时，总是有尽快收到产品的愿望。客户在购买产品时，也具有同样的需要。所以，商家在经营产品时，可以将目标客户群定位在本地，经营本地产品。这样做可以起到迅速吸引本地客户关注的作用，并使他们对本地商家产生信任感和亲切感，利于商家的销售行为。

笔者在这里要提醒大家的是：商家可以灵活选择经营产品的类别和范围，但不要生搬硬套其他产品平台的成功经验，比如淘宝或是传统市场上的热销产品，放在微信平台上就不一定能产生好的销售效果。

2.5 警惕吸粉的雷区

看到这里，相信大家已经对如何快速吸粉、怎样提高粉丝质量等问题了如指掌了，但是在获取粉丝的过程中，大家还应该保持高度警惕，小心那些一触即发的雷区。

雷区1：眉毛胡子一把抓

笔者就曾遇到过这样的企业，在开展微信营销的过程中，它们只是为了增加粉丝而增加粉丝，例如，通过各种渠道漫无目的地添加用户、在朋友圈中分享大量产品广告等，完全不考虑自己的产品适合哪些人，以至于辛辛苦苦忙活了大半天，粉丝量却没有实质性地增长。

排雷措施：对产品做一个全面细致的分析，明确目标客户群的特点，不要眉毛胡子一把抓。

雷区2：急躁冒进，求快不求质

在前文中，笔者为大家介绍过快速吸粉的方法，不过这里说的“快速”是指获取粉丝的方式，而不是指获取粉丝的目的。也就是说，我们可以快速吸粉，但是不能苛求在短时间内就获得大量粉丝的关注，因为这种急躁冒进的心态很容易使营销者陷入求快不求质的泥潭，不利于微信营销活动的正常开展。

排雷措施：摆正心态、步步为营，用“快方法”做“慢活”，保证每一条信息都是精致的，同时服务好现有的客户，不要单纯地追求速度，因为优质的粉丝是逐步积累出来的，而不是突然制造出来的。

雷区3：用讨好代替价值

有人说，要想实现吸粉的目的，就要学会讨好粉丝。乍看之下，这句话似乎没什么问题，但是细细品味一下就会发现，其中埋伏着一颗超大的“地雷”。对待粉丝，我们绝不能用讨好的态度，因为这种态度其实是一种变相的敷衍，很容易给粉丝带来不受尊重的感觉。

排雷措施：用价值吸引粉丝关注，让粉丝感受到被重视，从而心甘情愿关注公众账号。

2.6 找出掉粉的根源

笔者在与一些比较大的公司、企业接触时，经常会听到一些管理者说："我们拥有几百万微信粉丝。"其潜在意思是说："我们的客户很多，生意一定可以做得很好。"在这里，笔者要提醒各位，微信营销的最终目的是创造利润，实现价值，而不是相互攀比谁的粉丝多。只有将粉丝转化为利润，才能算实现了营销目的。因此，在没有实现利益最大化之前，大家绝不能掉以轻心，要知道，粉丝取消关注是分分钟的事情，这个月你有几百万粉丝，下个月可能就只剩几百个，甚至几十个、几个粉丝了。所以，营销者必须警惕掉粉现象。那么，哪些因素容易导致粉丝取消关注呢？

1.只注重销售产品，不注重维系粉丝

这是导致粉丝数量暴跌的重要原因之一。众所周知，微信的基本功能是社交，如果营销者硬把微信当做一个纯粹的销售工具，那么就违背了微信的本质特征。这就好比让鱼在岸上生存一样，最终会导致失败的下场。所以，营销者要学会充分利用微信的社交功能，不要只向用户推送广告或资讯，还要适时与粉丝展开互动，注重维系与粉丝之间的关系，这样才能使自己持续发展下去，并最终实现利益的最大化。

2.信息长篇累牍，主题单一、乏味

相信大家在阅读时经常会有这样的体会：长时间阅读全是文字的书籍很容易疲倦，而看那些图文并茂的书籍就会感觉比较轻松。同理，如果公众账号推送给用户的信息篇幅很长，而且全是文字，久而久之就会给用户造成阅读压力。此外，如果内容主题始终千篇一律，也会导致用户丧失阅读兴趣。所以，营销者在编排信息内容时要精炼，主题要多样化，如果能够引起读者思考那就再好不过了。

3.没有长远价值

一些微信用户会出于好奇心而关注某个公众账号，这些用户表面看起来似乎不会对营销者产生利润和价值，然而只要将他们深入发掘一下就会发现，这里面蕴藏着一定量的潜在用户。若是能够将他们挖掘出来，那么粉丝量就会得

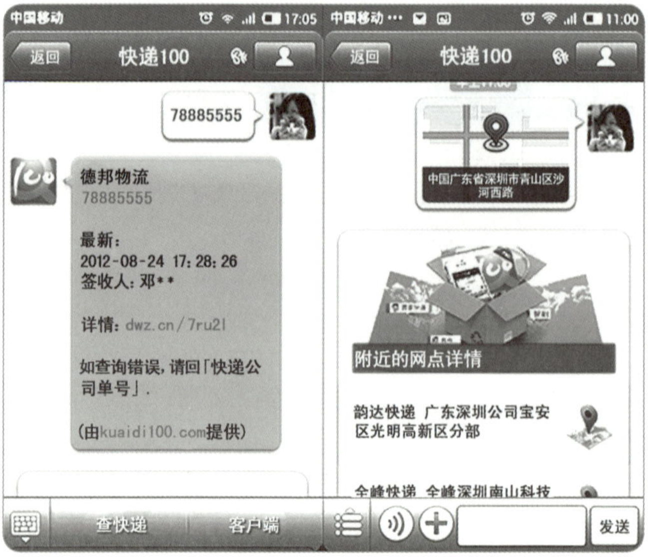

到有效保障。

4.信息编排形式单调

图文信息一般是大部分微信公众账号常用的编排形式，如果信息内容质量不高的话，长期使用单一的信息编排方式很容易让粉丝产生审美疲劳，从而不利于粉丝持久关注。其实，除了图文信息外，微信上还有多种信息编排形式，如语音、视频等，营销者除了要保证信息质量外，还要善于灵活运用这些形式，如果能做到这一点，相信掉粉情况会得到有效控制的。

5.长期沉默

我们要想吸引粉丝的持续关注，保持粉丝群的活跃度，就要定期更新优质内容，以此满足粉丝对内容的需求。如果长期没有新内容出现，就会引发粉丝不满，进而导致掉粉现象出现。

虽然粉丝数量的变化情况存在很多不确定因素，但是只要营销者能够用诚心来对待粉丝，那么粉丝终会感受到营销者的诚意，迟早会为营销者带来可观的利润。

2.7 怎样将产品卖给真正需要的人

微信营销的最终目的就是将产品卖出去，然而并不是所有人都是我们的目标客户，这就需要营销者从众多粉丝中找出真正对产品有需求的人，只有这样，才能顺利实现营销目的。在这里，笔者建议大家从下面几个主要方面入手。

首先，保持客观的心态，别希望将产品卖给所有人。在前文中我们说过，通常情况下，一个庞大的粉丝群中既有“真人粉”，也有“僵尸粉”，也就是说，并不是所有的粉丝都是微信营销的目标客户。因此，营销者必须保持客观的心态，有目的、有耐心地发掘真正有需求的人，不要因为不能将产品卖给所有人而对微信营销失去信心。

其次，弄清客户类型，避免出现南辕北辙的情况。一般来说，我们可以将粉丝简单分为务实型、虚荣型、凑热闹型，其中务实型的粉丝是真正对产品有需求的人，营销者应大力发展此类客户。一般他们通常看重产品的性能，所以在向这样的人推荐产品时，营销者要结合对方的需求，注重介绍产品能为其带来的实际功效。

虚荣型的粉丝比较注重满足心理需求，喜欢追求受众人瞩目的产品，对产品的性能并没有太高的要求。这些人中蕴藏着一定量的潜在客户，营销者可以向此类人倾注一定的精力来推荐产品。而在向此类人推荐产品的时候，营销者可以从品牌形象入手。

对于凑热闹型的粉丝，笔者建议大家不要在他们身上花费太多精力，因为此类型的人通常很盲目，对产品并没有真正的需求。如果营销者将它们作为重点发展对象的话，很容易做白工。

最后，分析客户的处境，顺水推舟的将产品卖出去。一般来说，客户的处境主要分为物质与精神两个方面，营销者在推销产品时，除了将客户分为不同的类型外，还要分析客户当时的处境，例如，一个务实型的客户刚买过一款产品，那么他再买一款同类型产品的可能性就变得很小，这个时候，营销者就要结合该用户的现实处境，从其他方面来推荐自己的产品，如推荐客户送朋友、送同事等，而不是单纯地介绍产品有哪些功能。

将产品卖给真正需要的人是每一位营销者应该具备的能力，在微信营销这一领域，若是能很好地发挥这一能力，那么取得成功并不是一件难事。

2.8 借助老客户的力量发展新客户

如果将客户群比作一幢高楼，那么老客户就相当于高楼的地基，关系着整幢大楼的稳定性。在微信营销的过程中，老客户不仅能为营销者创造最基本的价值，还能够发展新客户，为营销者发掘更多的商机。有数据表明，老客户创造财富的成功率在50%左右，而新客户创造财富的几率只有大约15%，不仅如此，营销者向老客户推销产品的成本要比开发一个新客户低得多，前者所用成本大约只占后者所用成本的20%。因此，营销者应该重视维系老客户，并学会借助老客户的力量来发展新客户。

1.提升服务的及时性与实用性

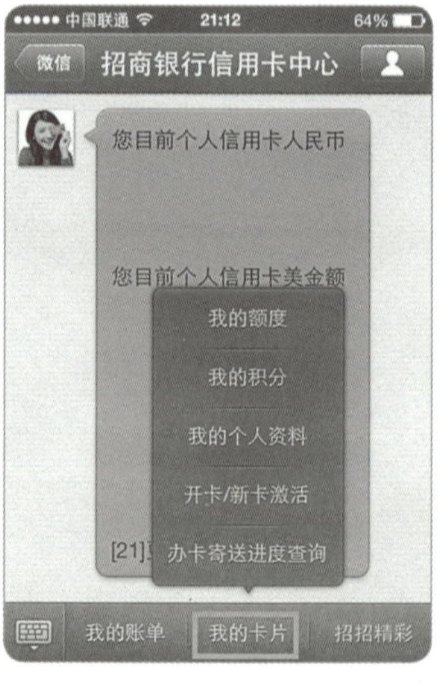

对于老客户的疑问、评价等有价值的信息反馈，营销者应该及时予以回复，力争为客户提供有效的解决方案。此外，微信公众平台的搭建要注重实用性，这样能够进一步满足用户需求，有助于提高老客户的忠诚度。在这里，我们以招商银行为例,其微信公众账号“招商银行信用卡中心”开设了账单查询、交易提醒、还款设置、积分查询、手机充值等多种服务，让用户在微信上就可以轻松办理相关业务，这就省去了用户登录招商银行官方网站或去银行网点的麻烦,在老客户圈中形成了良好的口碑效应,同时为发展新客户奠定了坚实的基础。

2.为老客户提供实际的好处

天上掉馅饼的事情不常有，但偶尔有一次就能够产生良好的营销效果。鉴于此，营销者可以开展“免费送”“优惠券”“抽奖”等实惠活动，吸引老客户积极参与。一般来说，在看到此类活动的时候，人们心中多少会存在一点疑问，这时大家常会约上两三个亲朋好友来一探虚实，这样一来，光顾的客户就不只是营销者最初推送信息的客户了。试想一下，假如你有 10 个老客户，每个老客户有 5 个朋友，那么真正参与活动的将会有 50 个人，这一数量是原有客户群的 5 倍呢！在得到实惠后，这种老客户带动新客户的“滚雪球”效应将会为营销者带来莫大的商机。

3.发挥老客户的地理优势

有些老客户带有鲜明的地域特色，如学生、上班族等，他们所处的地理位置往往是在人群密集区，这时，营销者就可以借助这些老客户的地理优势来推广产品或开展营销活动。一般情况下，产品或活动越贴近客户心理，就越有利于营销推广。要知道，人群的口头传播速度是非常快的，营销者若是能充分发挥老客户的这一优势，那么通过“一传十、十传百”的效果，最终将会为营销者“传”来显著的营销效果。

当然，除了上述这些方法外，老客户身上还蕴藏着许多其他值得发掘的营销点。需要注意的是,无论采取什么方法,营销者都要尽最大可能让老客户满意,这样才能借助老客户的力量来开拓更广阔的营销市场。

2.9 利用好故事吸引粉丝关注

故事是人们思想和信念的上佳载体，它是最具备吸引力的。每一个精彩的故事都体现了一段难忘的经历。商家在进行经营活动时，需要先忘掉如何销售产品，而去回忆自己的亲身经历，将其中最具代表性、最能引起他人共鸣的篇章打造成动人的故事。这样的故事会引起客户的极大兴趣，使他们对商家产生下意识的好感，进而愿意去购买商家的产品，促进成交行为。

商家在塑造故事的时候，必须注重以下两个方面。

1. 塑造自己的故事

商家无论塑造何种故事，故事的最终落脚点还是要落到自己身上来。换句话说，就是商家要创建属于自己的故事。这样的故事才显得真实可信，能够引起客户的最大阅读兴趣，从而起到良好的营销效果。

【成功范本】

资深微商徐东遥有个习惯，他在遇到别人问他做什么工作时，总是把他的两篇故事抛出来。其中一篇叫作《徐东遥的独白：2013 屌丝逆袭之路》，文章用语朴实亲切，讲述了作者在 2013 年创业奋斗的真实过程；另一篇叫作《一条微信认识一个靠谱的微营销人》，讲述了作者从小到大的成长历程以及目前的经营活动，文章图文并茂，显得十分新鲜有趣。这两篇文章不但巧妙地回答了关于作者职业的问题，还起到了良好的自我宣传效果。很多微信好友看到文章后，纷纷点赞支持，进而转变为作者的忠实客户，给作者带来了丰厚的经济收益。

【立体剖析】

从上述例子中就可以看出，商家为自己塑造一个好故事实在是很有必要。它不仅可以收获到粉丝的赞赏和支持，起到无形宣传的作用，还可以使商家实现最大化的经济效益，满足其对利润的需要，可谓是一举两得。

2. 塑造有内涵的故事

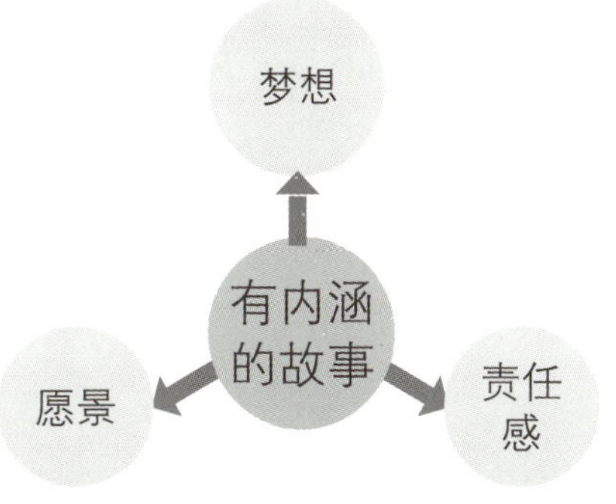

什么叫作有内涵的故事？人们对此有很多不同的见解，例如，有趣的故事、有教育意义的故事、能够让人感动的故事等。这些见解不算错，但在具体认识上都有些片面。在笔者看来，真正有内涵的故事应该包括以下三方面的内容。

① 梦想。这个世界有两种东西永不褪色：一种是经典；另一种是梦想。梦想是指引人们向前的不竭动力。商家所塑造的故事内容中，必须包含有美好的梦想，这样才能引发读者的无限想象，使他们产生憧憬和共鸣。

② 责任感。中国人向来有文以载道的传统，只有那些带给人们使命感和责

任感的文章，才是真正的好文章。商家在创作文章时，也要注意在文章中树立起自己的责任感，说负责任的话，写负责任的事，这样才能取得客户的真正信任，从而走向成功。

③ 愿景。愿景和梦想不同，它更多体现在看得见、摸得着的个人目标上面。例如，老板问员工甲："你的理想薪酬是多少？" 员工甲回答："我想先做好工作，为公司贡献更多的力量，使自己产生更大的价值，这样自然会涨薪的。" 员工甲看似没有回答老板的问题，实则是将其愿景隐晦地告诉了老板，使老板产生了"此人很有上进心，是个不错的员工"的想法。商家在塑造个人文章时，也要注意将自己的愿景填充进去。这种愿景往往充满了正能量，能够激发起人们满满的干劲，进而产生良好的宣传指导意义。

还有一点补充，那就是在故事的最后，要记得加上各类总结语，这样才会引发客户的事后思考，产生余味悠长的良好效果。

2.10 将“他的客户”转化为“我的客户”

“既要发掘新客户，又要分析客户类型建立目标客户群，这样‘吸粉’太麻烦了，有没有一步到位的方法，能直接找到更多的目标客户呢？”在微信营销过程中，不少人向笔者问过这样的问题。方法当然有，最有效的一种做法就是，将竞争对手的客户转化为自己的客户。大家不要觉得这种做法“不厚道”，在竞争激烈的营销圈子中，这其实是一种比较常见的“吸粉”方式，而且只要凭借自己的实力、运用得当的方法，这也没有什么“不厚道”。那么，我们应该怎样将“他的客户”转化为“我的客户”呢？下面，笔者就教大家几招实用的技巧。

技巧一：对自己的产品有深入的了解

这是每一位营销者首先要具备的技巧，如果连自己都不了解自己的产品，那么又如何向客户推销呢？需要注意的是，营销者除了要对自己的产品做一个系统全面的了解外，还要有针对性地同竞争对手的同类型产品进行对比分析，找出自身的优势，并将该优势与客户需求充分结合起来，这样在拉拢对手的客户时可以起到事半功倍的效果。

技巧二：掌握竞争对手的优缺点

要从竞争对手那里挖掘客户，怎么能不了解竞争对手呢？正所谓“知己知彼”，我们才有机会“百战不殆”。在前面，笔者为大家介绍过如何向竞争对手“取经”，大家可以灵活运用那些方法，将竞争对手的特点、产品的优势与劣势、客户群的类型等方面做一个全面、细致的了解，这对我们制定粉丝运营策略具有重要意义。

技巧三：提供更优质的资讯与服务

从竞争对手那里获取客户源，一个行之有效的方法就是提高自身实力，超越竞争对手。营销者可以结合对手的优缺点来完善自己，向用户提供更有价值的信息和服务，最大限度地满足用户的需求，这样很容易让对手的客户心动，

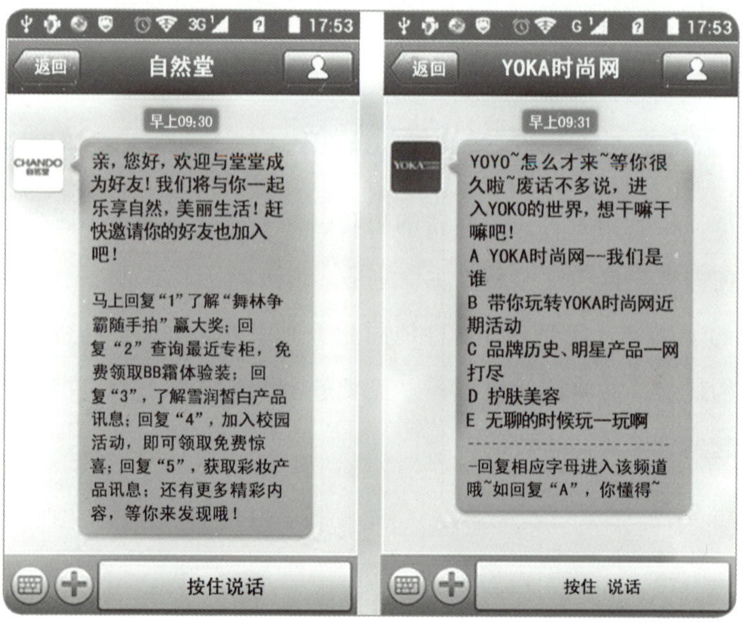

从而将对手的目标客户转化为自己的目标客户。除此之外，营销者还要善于创新，开发独特、新颖的优质服务，这样更有利于吸引对手的客户。

技巧四：把握一切机会赢取客户信任

客户最关心的话题、竞争对手的失误、市场的流行趋势等都是吸引客户的大好机会，营销者要注意把握细节，瞅准时机来赢取客户信任。这样不仅能将对手的客户挖过来，还能够瞬间提升客户的忠诚度，可谓一举两得。

除了上述这些技巧外，营销者也可以根据自身实际情况采取合适的方法来挖掘竞争对手的客户。客户被吸收过来后，营销者还要做好维护，以免后期流失。

2.11 如何提升客户服务的质量

在微信营销中，客户服务是一个重要的环节。笔者一再强调，做微信营销必须要和客户互动，因此客户服务的质量好坏将直接影响营销的成败。那么，我们该如何提升客户服务的质量呢？大家不妨从以下几个方面做起。

1.专业知识要过硬

无论是哪个行业，营销者都要具备过硬的专业知识，这样才能有目的地筛选资讯，向客户推送有价值的信息。另外，当客户遇到问题时，营销者也能凭借专业经验提供有效的解决方案。客户得到了自己想要的东西，自然就更加忠实于营销者了。

2.沟通方式要灵活

在微信公众平台上，我们总能遇到各种各样的客户，要想服务好这些用户，就需要营销者善于运用不同的沟通方式。例如，有的客户说话简洁明了，营销者就要快速地给出明白的回复，尽量避免含糊不清、冗长拖沓；有的客户思维跳跃性大，营销者可以用幽默风趣的沟通方式引导对方理清思路，最好不要抱怨用户表达方式有问题，以免引起对方反感。此外，营销者还可以结合当下热点话题与客户互动，这样有助于丰富谈话内容，提高用户的互动积极性。

3.服务态度要得体

有时候营销者可能无法及时回复客户或者无法很好地解决客户的疑问，有时候还可能会遇到无理取闹的客户或者问题层出不穷的客户，甚至有时候聊着聊着语风就发生了变化……无论遇到什么样的情况，营销者都要尽量保持得体的服务态度，用包容、耐心、谦虚等心态来看待用户或好或坏的评价，不要因为冲动而指责、贬低客户，更不能随便谩骂对方。要知道，因为态度问题而得罪一个客户，很容易造成失去一批客户的后果，而且这种做法还会对品牌形象产生负面影响。

4.信息反馈要到位

除了固定的消息数量外，微信公众账号是无法主动联系客户的，因此客户主动发来消息对营销者来说是难得的互动机会，这个时候，营销者应尽可能及时、到位地反馈客户信息，而不是不理不睬或用自动回复来打发客户，以免客户失去沟通兴趣。

5.客户记录要明晰

在微信营销的过程中，营销者一定要尽可能地详细记录客户的信息，这对建立完善的客户群具有重要意义。不仅如此，营销者还可以通过明晰的客户记录推送不同的信息，进一步加强用户管理，为用户提供更好的服务。

6. 发送快递单号

客户在下单之后，通常都希望尽快收到货品，因此我们在发货时，就应该考虑到客户的这种心理需求，将快递单号同时发送给客户，在方便客户进行物流查询的同时，也可以赢得客户的好感。

7. 确认收货情况

发货之后就对后续工作放任自流是不负责任的表现，也是对客户的不尊重。所以我们应该在发货时就合理估算收货时间，然后通过电话、微信等形式联系用户，确认客户是否收到货物，如果客户给予肯定的答复，我们还可以将产品使用的注意事项再说一遍，并提醒客户可以在朋友圈等渠道中晒一下产品，达到另一种宣传效果。

8. 定期跟进措施

当我们发出了货物，客户也收到了货物，是不是就意味着工作结束了呢？当然不是，这时我们还应该进行定期跟进，一般情况下这个频率可以定为一周一次，通过跟进措施了解客户的产品使用情况和对产品的评价，以便根据客户的反馈意见及时调整经营策略。

2.12 别让一次性销售断了财路

在日常生活中，相信大多数人对一次性用品都不陌生，例如一次性筷子、一次性餐盒、一次性纸杯等。这些一次性用品有一个共同点，那就是利用价值非常小，一旦被用过一次就无法再用了（至少大多数是这样的）。同样，一次性销售也具备这一特点，这种销售方式往往注重追求眼前的既得利益，而不做长远的打算。有些人认为，一次性销售可以快速赚钱，然而在微信营销中，这种方式的营销意义并不大，因为微信营销在前期发展过程中主要以积累为主，效益并不显著，一次性营销很难实现快速赚钱的目的。

所以，如果你想做微信营销，那么就不要让一次性销售断了自己的财路。营销者需要将自己的眼光放得长远一些，制定井然有序的微信营销策略，一步一个脚印地走下去，同时要摒弃以下这些不良心理。

1.一夜暴富的妄想心理

能够迅速赚得盆满钵满当然是一件好事，但是抱着一夜暴富的妄想心理做微信营销是不可取的。因为如果无法保持良好的耐心，将很容易导致各种问题出现，所以，营销者要脚踏实地、戒浮躁。

2.不劳而获的侥幸心理

常言道“一分耕耘、一分收获”，付出努力或许不会得到回报，但是不付出努力绝对不会得到回报。如果营销者不认真为客户提供有价值的信息与服务，不用心经营自己的微信公众平台，那么客户也不会平白无故地为其创造营销价值。

3.事不关己的不负责心理

有些人认为，东西卖出去就像泼出去的水，与自己再无关系了，一次性营销往往就带有这种特点。然而在微信营销中，这种做法恰恰是最忌讳的事情之一。要知道，东西卖出去后还有售后，如果对客户的反馈置之不理、不解决客户纠纷、不改善产品性能等问题，那么营销者将会给自己遭致“无良”的骂名，既不利于发展客户群，也不利于树立品牌形象。因此，在微信营销过程中，营销者还应加强售后服务，建立完善的客户管理机制。

2.13 不可忽视的微信群吸粉策略

微群的交流分享功能，使它在微信营销者从事营销活动时，完全可以作为一个营销工具出现。微信营销者如果将微群利用好了，充分发挥它的能量，便能够有效提高自己的产品影响力和品牌知名度，进而实现利润的快速增长。但是，微群的使用并不是一件简单的事，而是一门精深的学问，它涉及“养群”的概念。“养群”即为群注入营养和价值。微信营销者在使用微群进行营销时，一定要注意“养群”的方法。只有将群“养”好了，才能发挥出微群的最大价值。“养群”的方法主要有以下六种。

- 独具特色的欢迎方式
- 规则完备
- 注重实用价值
- 适时更换群名称
- 清理边缘人士
- 制造噱头

1. 独具特色的欢迎方式

每位客户在加入一个新群时，都会产生一些紧张感和疏离感。为了消除这种情绪，微信营销者需要设立一种独具特色的欢迎语，发给每一个新入群的成员，如“热烈欢迎 ××× 加入 ×× 大家庭”。这样的欢迎语热烈直接，可以加深客户对微群的好感度，提升其在群中的活跃程度。

2. 规则完备

任何一个组织或群体，都要有一定量的规章制度，这是其存在的基础。微群也是这样。微信营销者在建立微群之先，就要确立群规则，并将这些规则落到实处，尽量被所有群成员所知。要想做到这一点，微信营销者可以经常性地将群规则发布出来，让所有成员看到，加深他们的印象。

3. 注重实用价值

客户进入一个微群，必然是要追求某种实用价值，如学习知识、了解新闻、拓展人际关系等。微信营销者需要满足客户的这些需求，在群中设立更多的资讯内容，并主动帮助群成员增进互相了解。

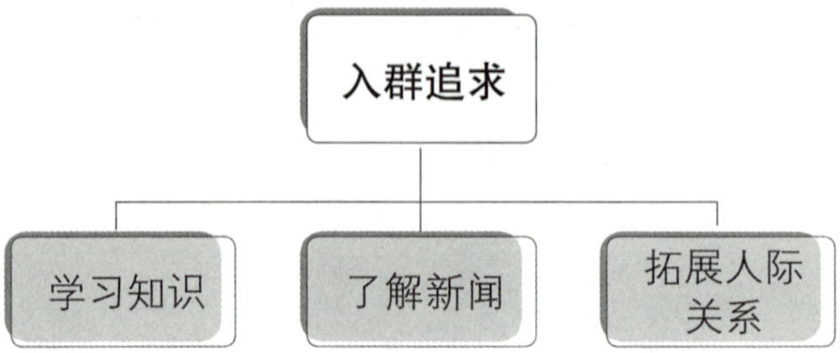

4. 适时更换群名称

适时更改群名称可以起到吸引成员注意的效果。微信营销者可以利用这种方式不断加强微群内部的活跃度。

5. 清理边缘人士

边缘人士即经常不说话的群成员。这些人影响着群内的活跃氛围。微信营销者需要定时清理这些人，使群内的交流氛围变得更加健康向上。

6. 制造噱头

微信营销者可以使用制造噱头的方式吸引群成员的注意，进而加强群成员间的互动。例如，某群内有三到五人发布“群主太给力啦，笑话太逗啦”，就会有很多人跳出来询问到底是什么笑话。如此便很容易建立良好的互动环境。

除此之外，通过举办各种线上、线下活动，创建速聚、速离群等方式，可以起到不错的“养群”效果。微信营销者需要根据自身情况,不断开发新的“养群”方式，以便更好地挖掘微群的潜力，达到更好的营销目的。

Part 3

招粉引蝶，搭建最吸引眼球的微信营销平台

古语有云：“工欲善其事，必先利其器。”做微信营销，微信公众账号就是必备的利器之一。它相当于营销者的第二身份，既能彰显出企业、品牌形象，又肩负着服务客户的重任。因此，搭建一个吸引眼球的微信公众平台将会对微信营销起到良好的促进作用。有些人认为，注册微信公众账号太简单了，其实不然，这里面蕴藏着很大的学问，值得每一位营销者细细研究、琢磨。在这一章中，笔者就为大家全方位介绍搭建优质公众平台的方法与技巧。

3.1 进行微信认证的意义

随着微信营销热度的不断高涨，微信公众账号如雨后春笋般相继出现。有业内人士表明，自从微信公众平台开放以来，在短短15个月之内其数量就已超过了200万，而且这个数目还在以每天高达8000的速度继续增长。由此可见，微信公众账号的竞争有多么激烈！这个时候，认证就成了一件极为重要的事情。有些人也许感觉纳闷："为什么要认证呢？"下面，笔者就为大家介绍一下认证的好处。

好处一：排名更靠前

虽然微信号是独一无二的，但是微信名并不是绝无仅有的，如果通过微信认证，那么被搜索出来的公众账号排位要比没有认证的账号靠前，这样更容易得到关注。

好处二：权威性更高

像产品认证一样，微信认证就像一个"合格"标签，证明它比其他同名的账号更可信。也就是说，微信认证能够在一定程度上防止"山寨版"账号泛滥，对一些自媒体、大品牌等公众账号来说，这一点尤为重要。

好处三：享受到的功能更多

通过微信认证后，订阅号能够享受自定义接口开放，服务号可以享受高级接口开放，这些功能将会进一步提升公众账号的性能与特色。

看到这些好处，你是不是有些迫不及待想要申请微信认证了呢？别急，认证可不是随随便便就能通过的，要满足一定条件才行。

条件一：粉丝数量达标

一般来说，普通公众账号粉丝数量需要达到 500 人，企业公众账号则要达到 1000 人。如果是新注册的公众账号，想要尽快申请认证，除了将老客户导入微信中外，还可以通过“买粉”来实现这一目的。

条件二：有认证过的微博

新浪微博、腾讯微博均可，微博除了得到认证外，昵称也要与微信公众平台相符才行。

如果这两个条件都满足了，那么大家就可以进行申请认证了。

3.2 打造响亮的名号与醒目的头像

常常有人这样问笔者："什么样的公众账号容易得到人们关注呢？"笔者会毫不犹豫地告诉大家：名号响亮、头像醒目的账号！这就像我们结交朋友一样，对方的姓名、长相往往是我们最先关注的地方。公众账号同样如此，在得到关注之前，它的名字、号码、头像直接影响着人们对其产生的第一印象。因此，要想在第一时间得到关注，公众账号就要起一个好名字、露一个好长相。

打造响亮的名号

微信公众账号的名号主要由两部分组成：名字和账号。下面，笔者就分别为大家详解起名字与设置账号的方法。

打造响亮的名字

方法	介绍	成功范本
以大众习惯性称呼来命名。	例如一家书店常被大家称作"××书店"，那么它就可以直接用书店名称来命名自己的公众账号，这样不仅方便用户记忆，而且还有利于账号快速传播。	天猫、麦当劳、南方航空等。

以关键词来命名。	许多人在搜索公众账号时习惯输入关键词，如果公众账号中含有大众常见的关键词，那么被检索出来的概率就会增加。关键词的类型有很多，如行业关键词、地点关键词、特色关键词等，大家在起名字时要选择能够体现自身特色的关键词。	微法律、中行北京市分行电子银行、百度电影等。
以创意奇趣来命名。	人们对于另类、有特色的东西往往充满好奇，用这种方式来为公众账号起名，有助于快速抓住人们的眼球。	逛、槽边往事、冷兔等。

在起名字的时候要注意，字数不要太多，最好控制在 8 个以内，因为名字太长不容易被记住。名字的字数以偶数为宜，因为许多关键词都是两个字，这样能够提高被搜索出来的几率。另外，要避免用冷僻词汇或单独使用某个关键词来命名，这样既不利于被搜索，也不容易体现公众账号的特色。

打造响亮的账号

方法	介绍	成功范本
用名称的汉语拼音来设置。	微信号越简单越容易识记，名称的汉语拼音正好满足了这一需求，有利于提高公众账号被搜索出来的精准度。	guang（逛）、weixinlukuang（微信路况）等。
用拼音加数字或简单的英文来设置。	有时候汉语拼音太长，设置成公众账号显得十分拖沓，这个时候就可以使用这一方法。需要注意的是，数字不要太多、英文单词与名称相关且简单为宜。	yidong01（移动互联网）、hexunschool（和讯投资学院）等。
用简单的英文单词加字母或数字来设置。	这一方法与第二种方法大同小异，主要是为了体现公众账号简洁、有特色等特点。因此，英文单词要选择大众十分熟悉的。	qqtech（腾讯科技）、guokr42（果壳网）等。

除此之外，公众账号也可以用 QQ 号、官方网址等来设置账号，这样既便

于人们识记，又有利于营销推广，一举两得。然而无论采取什么样的方式，都要保证账号简洁明了、便于记忆。

打造醒目的头像

笔者听说过这样一种说法：有两种事物最容易吸引人们的眼球，一种是特别美的事物，另一种是特别丑的事物。这种说法虽然有些片面，但仔细琢磨一下也并不是全无道理。其实，“特别美”和“特别丑”可以用一个词来概括，那就是“有特点”。在设置公众账号的头像时，我们同样要注重打造“有特点”的头像。当然，这里的有特点并不局限在美与丑两方面。

方法一：用企业 Logo 或名人头像做头像。这一方法适合一些品牌、企业、明星等公众账号，辨识度很高。例如招商银行、星巴克中国等。

1

方法二：用汉字或字母做头像。这种设计十分抓人眼球，但是汉字或字母要能体现出公众账号的特色。例如微团购。

2

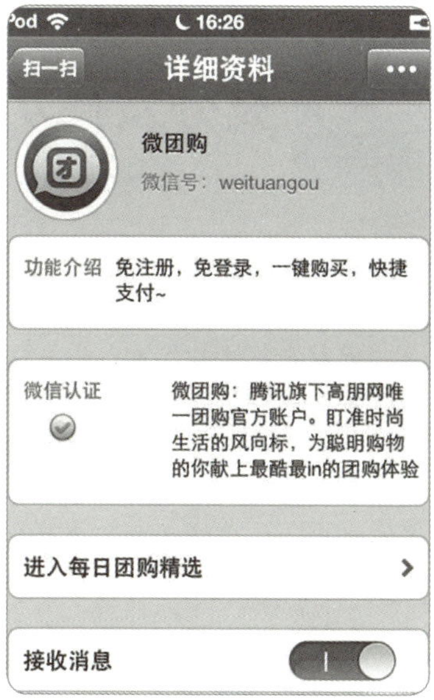

方法三：用简单有创意的图案做头像。这种图案构图虽然简单，但是与自身名称相得益彰，十分有创意，能够激起人们的好奇心。例如对爱。

3

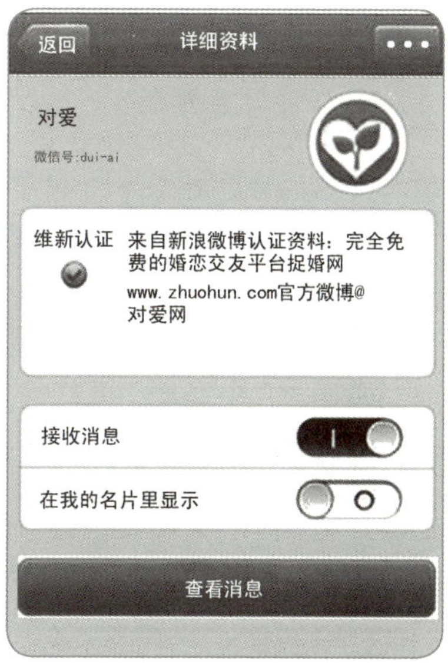

在设置头像的时候，大家要注意，避免用低俗的图片做头像，这种哗众取宠的方式很容易引起用户反感。

3.3 充分发挥功能介绍的作用

在微信公众账号的“详细资料”界面，我们除了能看到公众账号的头像、名称和号码之外，还会发现一个十分醒目的板块，那就是“功能介绍”。它相当于公众账号的“自我简介”，既能体现账号的定位，又能展示其功能特色，如果利用得当，还能起到良好的营销推广作用。那么，功能介绍要如何编写才能引起人们的关注呢？下面，笔者就从宜、忌两方面为大家介绍一些使用技巧。

技巧一：关键词+功能定位

宜——语言精练，功能亮点突出。

忌——文字冗长、无特色。

既然是介绍，那么篇幅就不能太长，因为冗长的文字不仅会掩盖自身特色，还容易让用户丧失阅读兴趣。因此，在编写功能介绍的时候，大家应该用精练的语言来展示账号的功能亮点，这样可以给人一目了然的感觉，让用户第一时间就能了解账号，从而提高账号被关注的可能性。

【成功范本】

招商银行信用卡中心

功能介绍：信用卡移动服务领跑者。特长:秒查账单、额度、积分;可申请办卡、开卡、查进度;可快速还款、可账单分期;随时掌握信用卡优惠活动，更有微信人工服务哦!

【立体剖析】

“招商银行信用卡中心”以一句话来体现自己的定位，然后用关键词罗列出自身的功能特色，虽然只有寥寥几行字，却句句打在点上，几乎没有废话。这样的功能介绍给人专业、实用的感觉，能够轻而易举吸引用户关注。

技巧二：账号名称+感情色彩

宜——生动有趣。

忌——单调、死板的公司简介。

如果觉得只写功能介绍没有心意，那么我们不妨转变一种风格，将功能介绍打造成一段生动有趣的广告语，用一些修辞手法、语气词来修饰文字，并将账号名称融入其中，这种编写方式能够起到良好的宣传功效，有助于增加账号的曝光率。需要注意的是，最好不要为了省事而只放公司简介、主营范围等枯燥的内容，这样容易引起用户反感。

【成功范本】

封神榜叁

功能介绍：最正宗的封神大作，最经典的2D玄幻网游，最激烈的国战场面，最民族的历史题材。封神榜叁，有你就是王！

【立体剖析】

它用排比形式和略带夸张的手法体现出自身特色，让用户一看就知道是网络游戏。最后一句充满感叹色彩，便于用户记住其账号，并勾起用户的好奇心，从而提高其自身关注度。

技巧三：实惠的服务+互动

宜——吸引力强。

忌——生硬、无内容。

公众账号的一大基本功能就是服务大众，因此，我们完全可以直接在功能介绍中体现出这一特色，让用户看到并享受到切实的服务。在这里，我们可以用优惠券、小礼品等做诱饵吸引用户关注，这样可以起到显著的关注效果。需要注意的是，没有明确内容的功能介绍通常起不到有价值的作用。

【成功范本】

海岸城

功能介绍：加我，免费送好礼！

【立体剖析】

“海岸城”用一句话既表明了自己的意图，又满足了客户的需求，可谓两全其美。这样的功能介绍以互动性为主，往往不需要修饰就可以实现关注目的，适合餐饮、商城、娱乐中心等多种类型的商家使用。

3.4 设置有吸引力的欢迎语

一般来说，当人们第一次关注某个公众账号时，通常会收到该账号自动发来的信息。在微信营销中，我们将这一信息称为“欢迎语”，它是公众账号与用户展开的第一次互动，如果吸引力足够强大，将会给用户留下良好的第一印象；相反，如果欢迎语单调乏味，会在一定程度上削弱用户的关注兴趣。因此，设置一个有吸引力的欢迎语对公众账号来说意义重大。那么，我们应该如何来编写欢迎语呢？

首先，将基本礼仪放在第一位

古语有云：“不学礼，无以立。”礼仪不仅是人们日常交际中不可或缺的语言，同样也是微信营销中用来维系客户的重要纽带。在设置欢迎语的时候，我们首先要向用户表示感谢。大家既可以用普通的语言做欢迎词，如“感谢您的关注”，也可以用幽默风趣的语言来传递热情，如“亲，我们等你很久了哦”。无论用哪种风格的语言，我们的目的都只有一个：让用户有被重视的感觉。

其次，体现有哪些服务功能

好听的话只是开场白，要提升用户的关注度，还要有真材实料。这个时候，公众账号要告诉用户自己有哪些功能特色、能提供什么样的服务、在遇到问题时通过什么途径来获取帮助等。这样既可以彰显公众账号的实用性，还有助于在用户心中树立信任感。

再次，引导用户进行下一步动作

事实证明，了解越深，越容易拉近彼此的距离。微信公众账号若想快速提升用户的忠实度，就需要借助欢迎语来增加与用户的互动次数，告诉用户通过什么方式可以了解更多详情。这对于发掘潜在客户来说具有重要意义。

最后，设置关键词导航

如果公众账号要介绍的内容比较多,那么可以设置关键词导航。一般来说，关键词要简单，阿拉伯数字、英文字母等都是不错的选择，当然也可以用汉字,但是字数一定要少。需要注意的是,每个关键词都要配以明确的回复内容,例如："回复关键词 1：积分查询"、"回复 A：了解最新产品动态"等。这一方式能够瞬间增加用户活跃度，有利于提高用户对公众账号的依赖感。

有些公众账号在设置欢迎语时常常只用一句"感谢您的关注"来回复客户，这种做法虽然没有错，但是缺乏互动性。所以，笔者建议大家不要嫌麻烦，因为精心编写欢迎语绝对要比简单敷衍更有吸引力。

3.5 巧妙编写信息标题

用户在打开微信公众账号时，最先看到的内容是什么？当然是标题了！可以说，标题的好坏直接决定着用户是否会进入信息阅读。如果一篇文章直接被用户忽略掉了，那么它就是一则没有价值的信息，也就不具备营销意义了。因此，标题越精彩，用户阅读信息的可能性往往就会越大。那么，我们应该如何编写信息标题呢？下面，笔者就为大家介绍一些实用的妙招。

妙招一：开门见山，直接表明主题

例如“×× 小妙招”、“×× 大集锦”、“×× 旅行指南”等，如果是具有某些实用功能或一系列资讯的信息，就可以采用这种方法来取名字。需要注意的是，核心词最好是大众最为关注的话题，否则很容易被忽略。

妙招二：套用热门话题模式

例如“舌尖上的 × ×、“且 × 且珍惜”、“× × 去哪儿”等，这些热门的话题容易引起读者共鸣，而且与不同的核心词搭配后会产生别样的风味。除了直接套用这种模式外，大家也可以结合时下热点资讯来编写标题，同样可以起到引起关注的作用。

妙招三：用流行词汇做关键词

流行词汇最大的特点就是人群覆盖面广，用这些词汇做关键词，不仅能点明主题，而且能够快速抓人眼球。需要注意的是，流行词汇更新比较快，大家需要密切关注资讯动态。此外，尽量不要用不雅的流行词，以免引起读者反感。

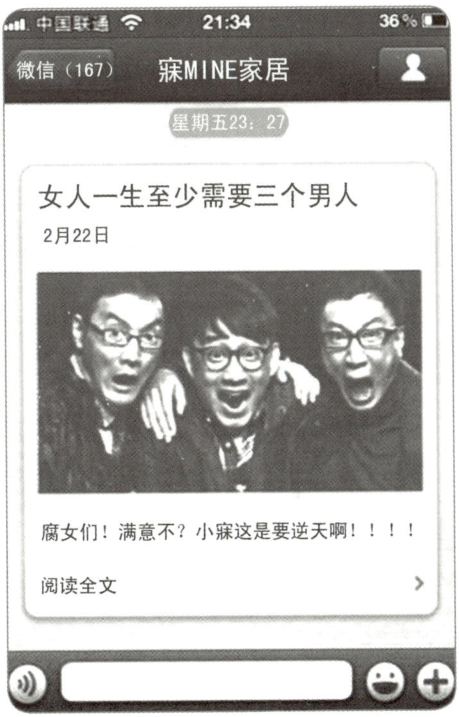

妙招四：设置悬念

一般来说，人们对于存有疑问的事物常常充满好奇。基于这种心理效应，我们可以用疑问句做标题，例如“× × 将如何发展”、“× × 是真的吗”等。除此之外，“秘密”、“不为人知”等有内涵的词汇也容易勾起用户的好奇心，在编写标题时可以巧妙运用。

妙招五：打破常规

有时候，一些与常识相悖或超出常识范围的话题很容易引起人们关注，例如“××竟然是错的”、“最新发现”等，另外，我们还可以加入问号、感叹号等带有强烈感情色彩的标点符号来渲染气氛，给大家制造一种“震撼”的视觉效果，从而提高人们对信息的关注度。

其实，编写标题并不是一件困难的事情，只要灵活运用各种技巧，时间久了就能够养成一定的标题敏感性。在编写标题的时候，大家还需要注意几个细节：第一，字数不要太少或太多，以免表意不清，通常情况下，字数保持在10个左右为宜；第二，标题一定要与信息内容相符，否则会给人们造成言不符实、被欺骗的感觉，若是只求哗众取宠而不注重实际，长此以往将不利于公众账号的推广和发展。

3.6 打造精准的推送内容

我们知道，微信公众账号有两大基本功能：提供资讯与服务。其中，资讯和一些服务就是通过推送信息的方式传到微信用户手中的。因此，打造精准的推送内容对于维系客户起着关键性的作用。不少企业管理者经常向笔者询问："什么样的内容更吸引观众？"在这里，笔者就为大家详细阐述一下内容编写过程中需要着重注意的几个方面。

1.主题

一篇好文章，一定要有一个明确的主题，这样文章才能形成清晰的思路，才会让阅读的人享受其中。选择主题的方法很简单，大家可以根据账号类型来确立主题，例如旅游主题、电影主题、饮食主题等，也可以根据信息的实用程度来确立主题，例如攻略方法、新鲜资讯等。

2.正文

正文是文章最主要的部分，但并不是所有人都会将整篇文章读完，尤其是比较长的文章。这个时候，文章的开头、结尾就显得十分重要了。一般来说，

人们看一篇文章，除了题目外，最先看的就是开头，其次是结尾，因为这两个部分往往可以点明文章主旨，有助于人们快速了解主题。因此，在编写正文时，大家应该以“虎头凤尾”为原则。

3.内容亮点

所谓亮点，也就是文章中契合用户心理需求的内容。要体现亮点，公众账号可以根据用户反馈提供相关信息，还可以结合时下热点，推送大众关注的内容。例如一个旅游公众账号，在夏天来临之际，可以推送一些避暑胜地旅游攻略、旅途中降温或防晒的妙招等；在韩流盛行的时候，可以推送一些韩国旅游攻略、韩国民俗等资讯。只要有真材实料，用户一般都会有兴趣关注。

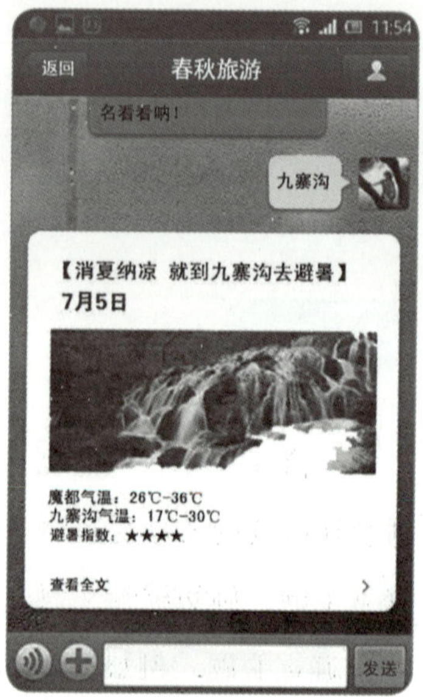

4.文章风格

文章的风格不同，吸引的用户往往也会不同。通常情况下，文章风格可以分为专业型、信息型、情调型、娱乐型、互动型、促销型等。前两种类型知识性、时效性比较强，能使用户产生信赖感；中间两种类型往往带有鲜明的感情色彩，有助于调剂精神；最后两种类型实用性、创意性比较强，适合开展活动。大家可以根据自身需要灵活运用不同风格。

5.编排方式

微信有多重信息编排方式，如图文、语音、视频等，适当转变信息推送方式有助于保持用户新鲜感，能够提升用户的忠诚度。

此外，在编写信息内容时，大家要尽量避免这些问题：通篇文字、长篇累牍；东拼西凑、敷衍用户；不注重原创，四处复制、粘贴等等。如果不能用心对待信息内容，那么用户也很难对公众账号产生信赖感，长此以往，账号的关注度势必会下降。

3.7 推送消息时的忌讳

移动应用数据分析公司 Flurry 曾经公布过一组数据：手机用户每天看手机的时间大概是 2.5 小时，而在这 2.5 个小时中，用户大约有 86% 的时间在浏览各类推送消息。我们从上述数据中可以很明显地看出，推送消息会对用户产生极大的影响。但是，并不是所有消息都会获得用户的好感，有一些消息在用户群中会产生不小的消极影响。微信营销者在推送消息时，尤其要注意这点，不能发送令客户不满的消息。

微信营销者在推送消息时，为了不使消息引发负面影响，需要重点注意以下三个方面。

- 全发客户
- 呼喊客户
- 推送消息的时间不当

1.全发客户

将同样的信息发送给所有客户是一种相当不明智的做法。这种做法不仅忽略了不同客户的不同需求，而且会令客户产生不被重视的感觉。如果微信营销者多次进行全发信息，客户就会对微信营销者产生厌烦的情绪，进而取消关注。

2.呼喊客户

我们可以在很多社交游戏里看到诸如“亲，赶紧来帮我！”“咱们的农场出问题了！”等推送信息。这种信息更多是为了唤回客户的注意，并无其他的实质性内容。微信营销者有时也会为了吸引客户的关注，而发送单纯的“呼唤信息”。殊不知这样做只能让客户厌恶。正确的做法是发布对客户有用的信息，这样才能赢得客户的真正好感。

3.推送消息的时间不当

这一点其实很好理解。微信营销者在推送消息时，需要注意回避一些客户不会浏览信息的时间段，如客户睡觉的时间和客户工作的时间。如果在这些时间发布消息，不会产生任何效果，只能是做无用功。

此外，微信营销者在推送消息时，还要注意不能推送和跳转页毫无关系的内容以及毫无新意的内容，这些不当的内容同样是推送消息的大忌。微信营销者需要选择恰当的时间段、恰当的场所和恰当的环境，将恰当的消息推送给恰当的客户，这才是好的做法。

3.8 设置精彩的自动回复

我们知道，与用户保持良好的沟通是公众账号吸引粉丝的一大利器。然而面对庞大的微信用户群，公众账号如何才能做到及时回复呢？这时，自动回复就显得极为重要了。虽然这种回复方式略显机械化，但是如果合理运用的话，它不仅能帮助营销者降低营销成本，还可以产生显著的营销价值呢！

在微信公众平台上，自动回复有三种形式：被添加自动回复、消息自动回复和关键词自动回复。其中，被添加自动回复就是我们之前提到过的“欢迎语”，其设置方法在这里就不再赘述了。下面，笔者就着重为大家详细介绍一下其他两种自动回复方式。

消息自动回复：当用户向公众账号发送不含有关键词的信息时，公众账号就会自动回复一条信息，这条信息就是“消息自动回复”。

关键词自动回复：在前文中，笔者提到过“关键词导航”，其设置方法就是“关键词自动回复”。当用户向公众账号发送关键词或含有关键词的信息时，公众账号会回复相应的信息，以满足用户的需求。

那么，什么样的自动回复容易增加用户的互动性呢？大家不妨从以下几个方面来设置自动回复的内容。

1.针对性

这一点对于“关键词自动回复”来说尤为重要，在编写此类消息时，大家要将公众账号的特点考虑周全，然后将这些特点与不同的关键词对应起来，为用户提供针对性服务。

2.独特性

笔者曾多次强调，微信公众账号要有自己的特色，这样才有机会提高关注度。在设置自动回复时，同样要做到这一点。例如，用户发送“你好”的消息，公众账号如果回复“你好，感谢你的关注”这样的话语，那么用户估计就没心情继续互动了。相反，如果公众账号回复“感觉无聊吗？回复‘笑话’试试看”，那么用户的好奇心就会被瞬间勾起来，自然而然就与公众账号展开互动了。

3.趣味性与实用性

许多人认为自动回复生硬、机械，那是因为营销者没有赋予自动回复灵气。其实，让自动回复变得富有生气并不难，大家可以用幽默的语言或实用的功能来武装自动回复，让它带上一定的感情色彩或实用价值，这样就更容易发挥自动回复的功能。

除此之外，大家也可以根据自身实际情况，灵活编排自动回复的内容。掌握这些编写技巧后，我们再来看看自动回复的设置方法。

1. 完成微信公众号登录，选择“自动回复”中的“开启选项”。

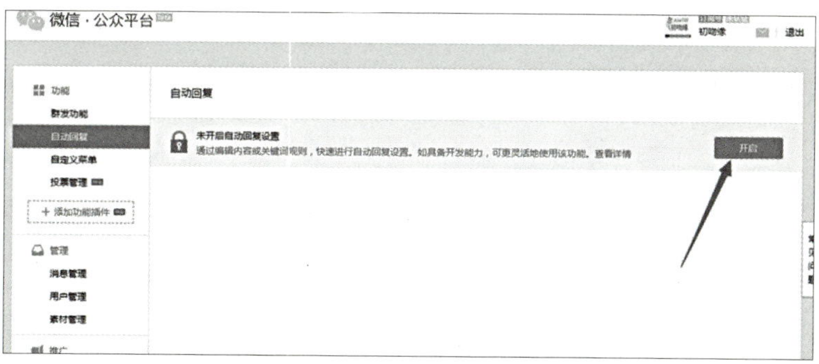

2. 弹出新页面后，选择“确认”。

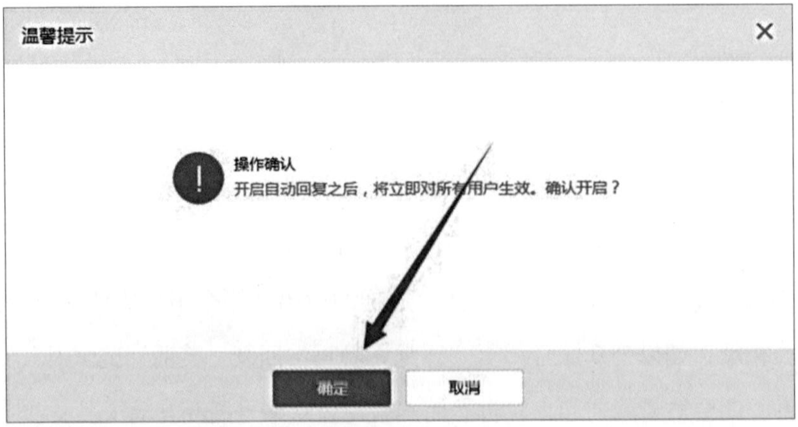

3. 进入自动回复界面后，就能够添加自动回复了。“被添加自动回复”是指用户关注公众号后自动回复的信息。

4. 消息自动回复是指每隔一段时间，自动发送设置好的信息内容，其中的时间间隔可以自己设定。

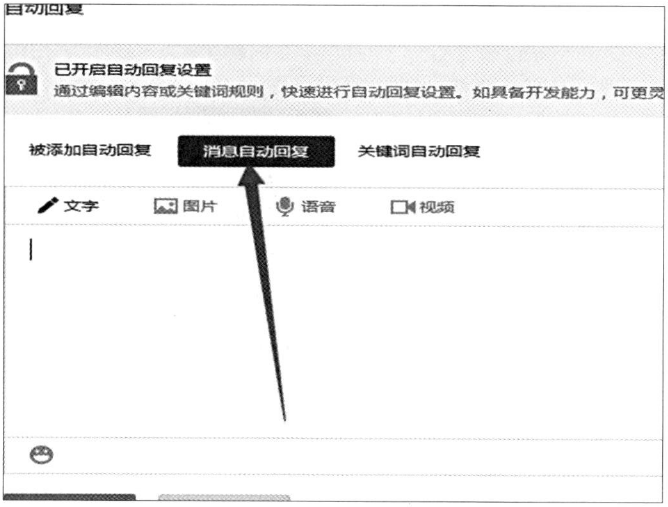

5. 关键词自动回复是我们经常用到的。当用户发送了一个指定的关键词时，系统就会对相关内容进行自动回复。

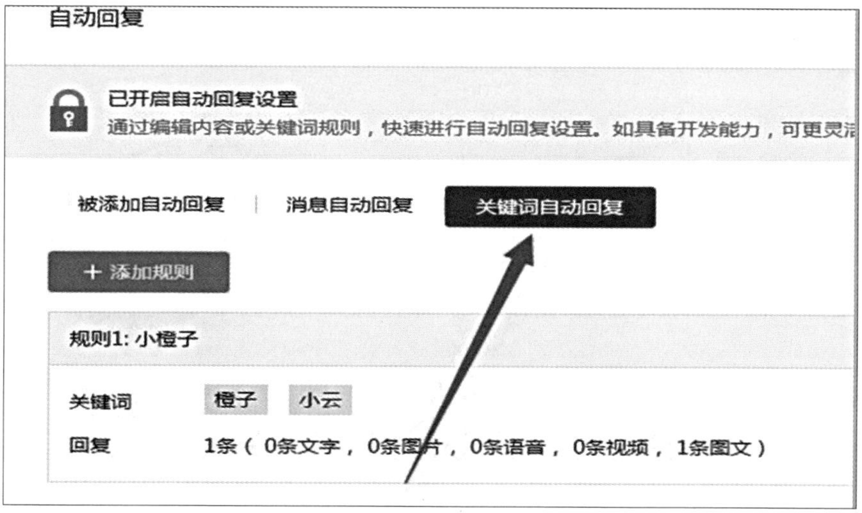

接下来，我们再来看看关键词自动回复如何设置。

1. 选择“添加规则”选项。

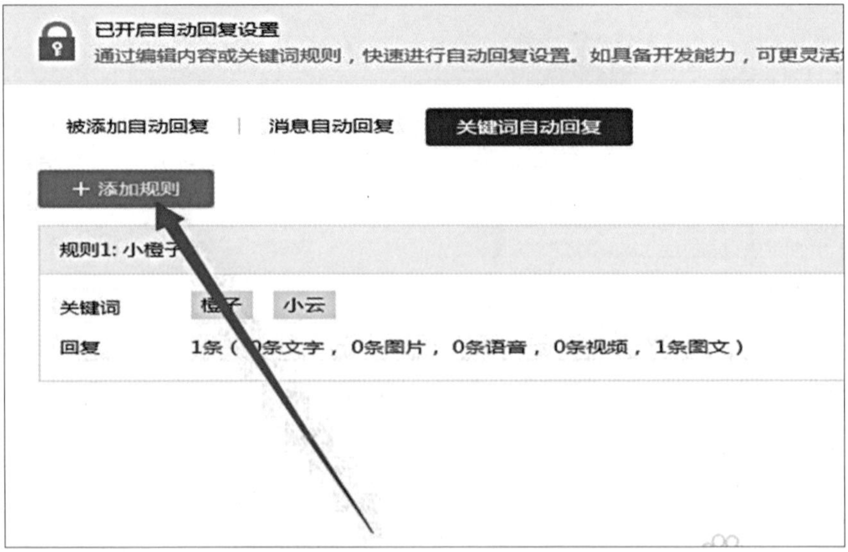

2. 在页面中，可以选择添加多个规则，名字任取，之后选择页面右侧的“添加关键字”选项。

3. 编辑关键词，点击回车键，下方会自动显示关键词，最后选择“确定”按钮。

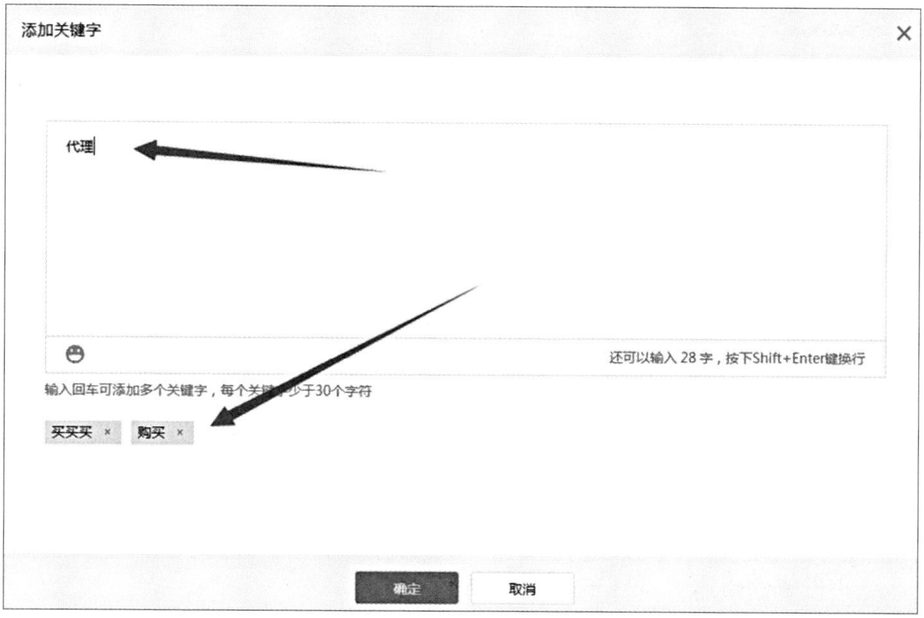

4. 选择下边的回复内容，这里可以设置为文字、音频等内容。

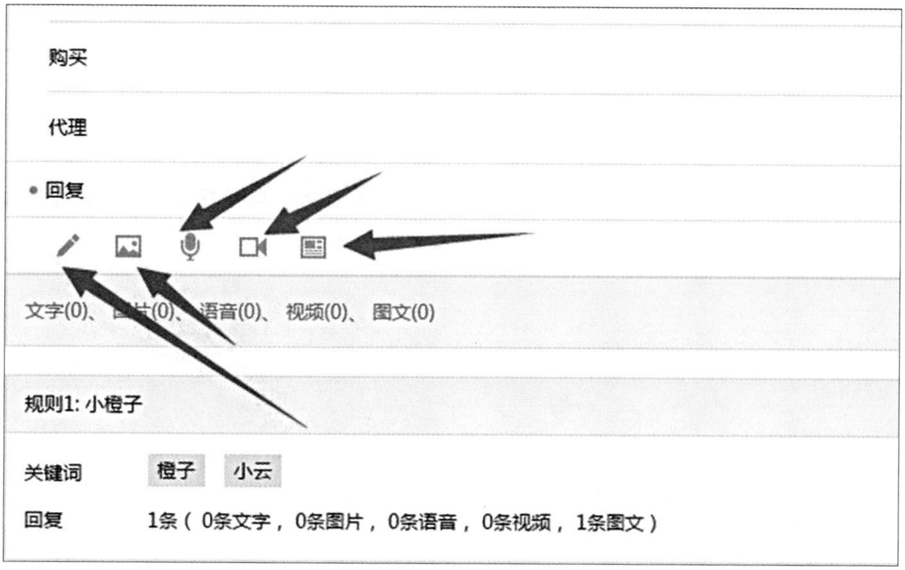

5. 编辑回复内容，选择“确定”选项。

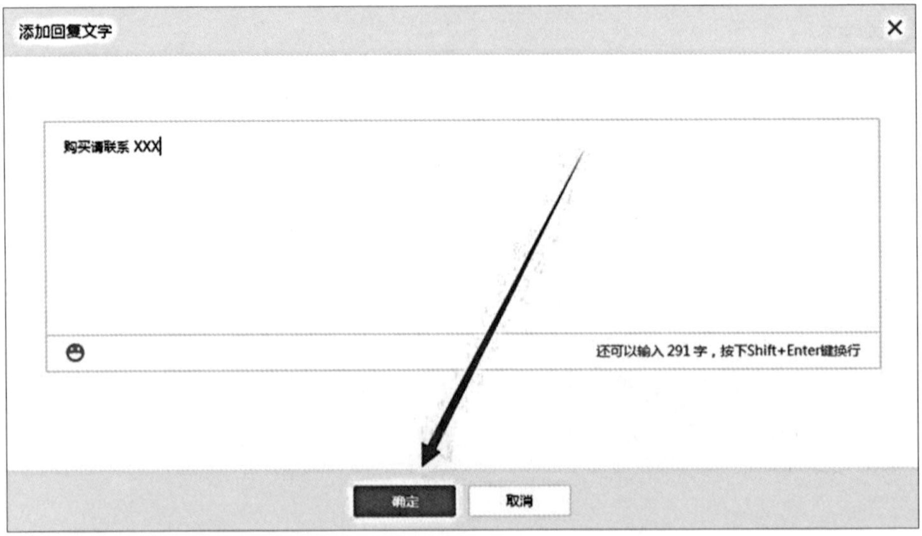

6. 当设置结束后，选择下方的“保存”选项。

7. 关键词设置到此结束，如果用户将关键词输入公众号，系统会把设置好的内容发送给用户。

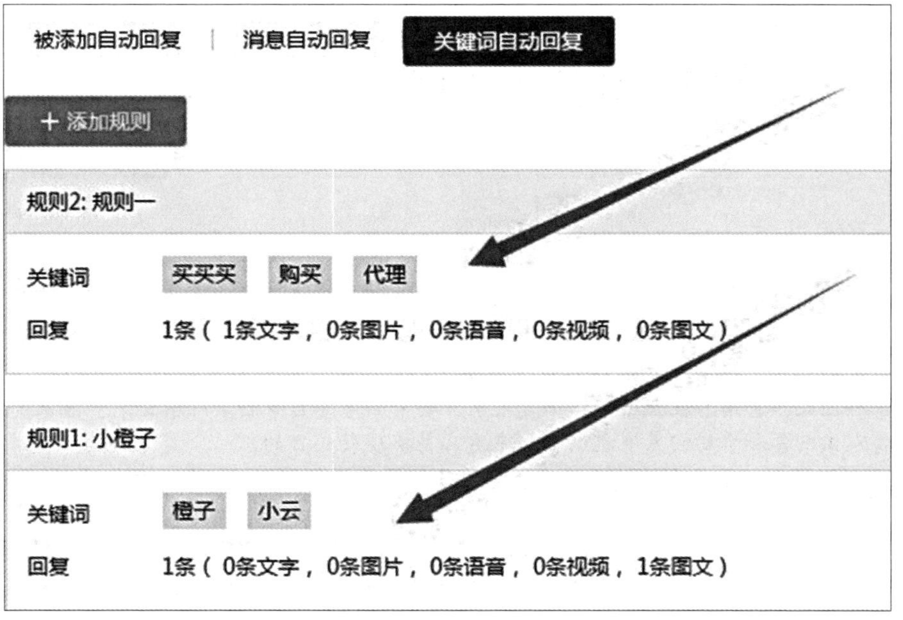
被添加自动回复
消息自动回复
关键词自动回复
+ 添加规则
规则2: 规则一
关键词 买买买 购买 代理
回复 1条（ 1条文字， 0条图片， 0条语音， 0条视频， 0条图文）
规则1: 小橙子
关键词 橙子 小云
回复 1条（ 0条文字， 0条图片， 0条语音， 0条视频， 1条图文）

3.9 开展有效的人工回复

与自动回复相比，人工回复就显得更加有“人情味”了，因为是一对一服务，所以人工服务能更好地满足用户需求。不过，这种回复方式需要一定的人力成本，如果微信用户很多，而后台客服人员很少的话，那么有可能会出现互动滞后的现象。因此，营销者在开展人工回复之前，要全面考虑自身的实际条件。一般来说，将人工回复和自动回复有机结合起来更容易实现营销目的。

尽管人工回复有一定的局限性，但是如果充分发挥它的功效，那么它将创造显著的营销价值。在这里，笔者就为大家介绍一些提升人工回复效率的方法。

1.专业性要强

人工回复是直接面对客户，因此客服人员要具备一定的专业知识，这样才会给用户带来权威感、信任感。

2.具有亲和力

感情在人与人的沟通过程中发挥着重要作用，在与用户展开人工互动时，客服人员的态度一定要好，让用户充分感受到自己是在与人对话，而不是与机器对话。如果人工回复像机器一样冷冰冰，那么营销者就没有必要花费大量人力资源来做这种机器就可以完成的事情了。

3.拥有强大的执行力

许多用户会在遇到问题时与公众账号展开互动，这个时候，客服人员的执行力就显得尤为重要，越及时、越到位的解决方案往往越能增加用户的忠实度。

4.富有洞察力

并不是所有用户都有问题需要解决，有时候用户与公众账号展开互动只是为了聊天。这时，客服人员就要发挥自身的洞察力，从聊天中发掘用户需求，这样有助于发掘潜在客户。此外，客服人员还可以引导用户谈话，将互动与产品或服务结合起来，这样可以提升人工回复的功效。

人工回复的方法很简单，在微信公众平台主页面中点击“实时消息”，就可以看到用户发来的消息，直接与用户展开互动即可。

3.10 如何把握消息推送时间

不知道大家有没有发现这样一个现象：在订阅号中，发送时间越早的公众账号，排名会越靠后。也就是说，位于订阅号文件最上方的公众账号是最晚发送信息的账号。我们知道，信息排名越靠前，越容易被微信用户看到。这是不是告诉我们，推送信息的时间越晚越好呢？其实不然，因为用户看手机的时间并不都在晚上。所以，要想增加信息曝光度，我们就要了解用户的习惯，把握消息推送的最佳时间。

一般来说，大家可以选择下面这些时间段来推送消息。

时间一：早上7点～8点

许多用户在吃早饭或上班的路上有看新闻的习惯，而且早上是一天的开始，人们比较乐于接受一些新事物，这个时候推送一些新闻资讯、产品最新动态等新鲜内容可以有效得到用户关注。

时间二：上午11点～12点

上午的工作暂近尾声，这个时候可以向用户推送一些美食优惠、热点话题等信息。这样既能满足用户的饮食需求，激起用户讨论的欲望，还能为一些餐饮商家带来利润收入，可谓两全其美。

时间三：下午5点～晚上9点

下班后或晚饭后的空闲时间是许多人放松娱乐、玩手机的时间，这个时候向用户推送一些幽默搞笑、健康养生等信息，更容易得到用户关注。

时间四：晚上10点～凌晨12点

这是客户吃完晚饭、完全放松心情的时间段。营销者可以发布多种多样的信息来吸引客户注意，加深他们与自己的联系。比如发送美食和美容信息，客户对产品的反馈信息以及营销者的照片信息等内容。这些信息可以起到极好的宣传与互动效果。总而言之，营销者在发布信息内容时，一定不要贪多，更不能只发布产品信息，而要做到丰富多彩，在对的时间发送对的内容，这样才能起到好的营销效果。

此外，公众账号还可以根据后台数据分析，掌握大部分用户的阅读习惯，选择一个最适合的时间段向用户推送信息，并形成固定习惯，这样既可以增加信息曝光率，还会引导用户养成良好的阅读习惯，而不会扰乱用户的正常生活，对公众账号的后期发展具有重要意义。另外，营销者也可以在公众平台上发起投票，让用户自己选择发送时间。需要注意的是，推送时间不要太早或太晚，也不要放在人们比较忙碌的工作时间，这些时间段往往不符合大众习惯，不利于微信营销长期发展。

3.11 推销二维码的方法

二维码是什么？相信经常玩微信的人对它一定不陌生，它就像一个袖珍的身份证，包含了个人或公众账号的基本信息。人们只要用手机轻轻一扫，就能够将二维码的对象添加为关注。因此，对于营销者来说，二维码是一个能够快速吸粉的营销推广渠道。那么，我们应该如何推销二维码，让更多的人添加关注呢？在这里，笔者为大家推荐一些实用、有效的方法。

方法一：借助互联网平台

例如微信朋友圈、官方网站、论坛、微信营销导航网站等。这些都是增加二维码曝光率的互联网平台，而且有些都是免费的，对于创业者或资金有限的小商家来说，这是一个经济又实惠的推销二维码的方法。

方法二：传统媒体

例如电视广告、报纸广告、杂志广告、户外建筑广告、公交站广告等。既然是广告，自然少不了广告费，不过，对于拥有一定经济实力的公司、企业来说，这点资金投入应该不算问题，毕竟传统媒体的传播力度是有目共睹的。

方法三：实物

例如DM直投广告单、公司宣传册、名片等小成本的宣传载体，此外，我们还可以充分发挥创意，在食物、衣服、水杯、实体店墙面等物品上打上二维码，甚至在做活动时，把二维码印在模特的身体上。这些方式都可以起到推销二维码的作用，而且投入成本很低，适合许多公众账号采用。

当然，除了上述这些方法，大家也可以根据自身实际情况、充分发挥想象力，发掘更多推销二维码的方式。毫不夸张地说，只要是可以出现文字的地方，就可以出现二维码。

3.12 接入第三方应用的技巧

经常有人向笔者问道："接入第三方应用有什么用？第三方可以为我带来哪些实质性的好处？"在回答这个问题之前，笔者想先问一问大家："如果没有第三方，你可以拥有什么模式？"有人可能会说："微信公众平台上有"编辑模式"，用起来方便又简单。"话虽然没有错，但是笔者要告诉大家，如果想要将微信营销做好、做大，只依靠"编辑模式"是不够的，因为它是公众平台自带的模式，就像"傻瓜相机"一样，是"全自动"的，有时候无法达到我们想要的效果。

就拿自动回复来说吧，很多时候，无论用户向公众账号发送什么消息，总是会得到同样的回复，这种对话互动性很低，长此以往会出现严重的"掉粉"现象。这时，有人会问："不是还有人工回复吗？"虽然人工回复互动性高于自动回复，但是投入成本较高，对于一些普通公众账号来说，实行起来比较吃力。

至于图文信息推送，笔者要说的是：单靠图文推送来做微信营销是没有活跃度的。毕竟一年365天，用户每天都力挺同一个公众账号的几率非常小。除非这个公众账号图文消息做得十分精妙完美，对用户有强烈的吸引力。

鉴于"编辑模式"的局限性，接入第三方应用就显得十分重要了。随着互联网科技的不断发展，第三方应用市场也在逐步扩大，在选择第三方产品时，大家要结合自身需要精挑细选。总体说来，大家可以从以下几个方面来选择。

1.实用性

这是营销者首先要考虑的方面，它不仅包括第三方应用的实用价值，还包括第三方应用的资金投入。不同的第三方产品在功能上可能略有不同，大家要根据自身需要，选择那些可以进一步优化公众账号服务的产品。另外，有些第三方产品价格很高，如腾讯自主开发的营销QQ，其报价在几十万到几百万不等。对于经济实力雄厚的大企业来说，这笔投入可能不算什么，但是对于一些小商家来说这一产品就没那么合适了。因此，大家在选择第三方产品时一定要全面考虑，选择那些经济又实惠的产品。

2.互动性

一般来说，用户活跃度越高，越有利于价值转化。因此，选择第三方产品时，大家需要着重了解该产品的互动性。目前，市场上有许多做得非常出色的第三方产品，例如小黄鸡、小i机器人、微软小冰等。这些人工智能回复产品的一大亮点就是，能够与微信用户展开精彩的即时互动。与微信的自动回复、人工回复相比，人工智能回复更加出彩，更容易吸引用户关注，同时还能为营销者节省许多人力成本，减少人工回复的额外支出。

在这里，笔者为大家着重介绍一下微软小冰。这款智能聊天机器人诞生于2014年5月29日，具有非常强大的智能对话功能，用户活跃度非常高。除了具备对话功能外，微软小冰还能为微信用户提供群提醒、交通指南、百科知识、天气预报、餐饮点评等服务，其功能之全面，令许多用户为之着迷。因此，在很短的时间内，微软小冰就成功吸引了一大批粉丝关注。尽管微软小冰上线没几天就遭到了腾讯封杀，但是其影响力是有目共睹的，在此基础上，二代小冰作为全新的智能聊天机器人隆重登场，再一次与诸多公司实现了“人工智能+移动互联”的合作。

不得不说，一些优秀的第三方应用是值得大家深入发掘的。如果自身拥有一定的经济实力，那么大家不妨制订合理的投资计划，充分利用第三方应用来扩大自身影响力，从而实现营销目的。

3.创意性

有些第三方应用会为公众账号提供一些具有创意性的营销方案，如大转盘、摇一摇、刮刮卡等，这些方案可以有效提高用户活跃度，实现更好的营销价值转化。大家可以根据自身需要选择此类第三方产品。

接入第三方应用很重要，但并不是说，每一个公众账号都要接入第三方，大家还是应该具体情况具体分析，做出有必要的选择。

3.13 发掘广告主、流量主的潜力

许多人可能对广告主、流量主不太了解，它们是微信公众平台新增加的推广功能，具有强大的“吸粉”、“吸金”功效。下面，笔者就为大家分别介绍一下这两大功能。

功能一：广告主

所谓广告主，是指那些可以在微信上投放广告的公众账号。想要成为广告主，微信公众账号首先要通过认证。那么，成为广告主有什么好处呢？

众所周知，做广告的目的就是为了让产品信息深入人心，并成功实现利润

转化。与漫无目的地打广告相比，将广告精准地投放给目标客户更有利于营销者快速实现盈利目的。而广告主的营销价值就在于此。一旦成为广告主，公众账号就可以在公众平台上向不同性别、年龄、区域的微信用户提供更加精准的广告服务，从而快速发掘出一大批潜在用户。

在微信公众平台上，通过微信认证的公众账号可以开通广告主功能。设置好的产品推广信息会以文字链接的形式出现在图文消息的底部，微信用户只要点击跳转页，就能够看到产品推广信息。

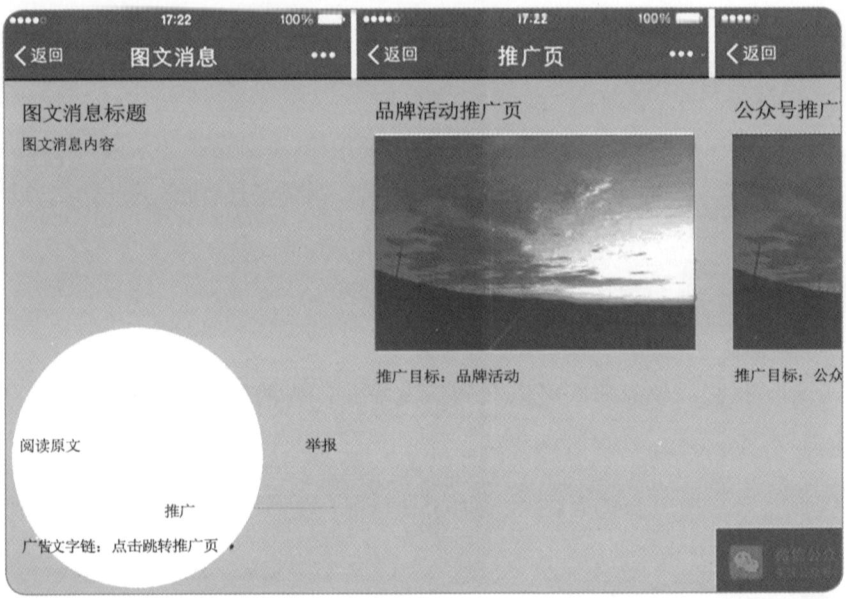

在微信后台，广告主可以根据自身需要新建和管理广告，随时查看广告关注量、曝光量、点击量、点击率等数据，并进行财务调整，从而获得最佳的广告投放效果。

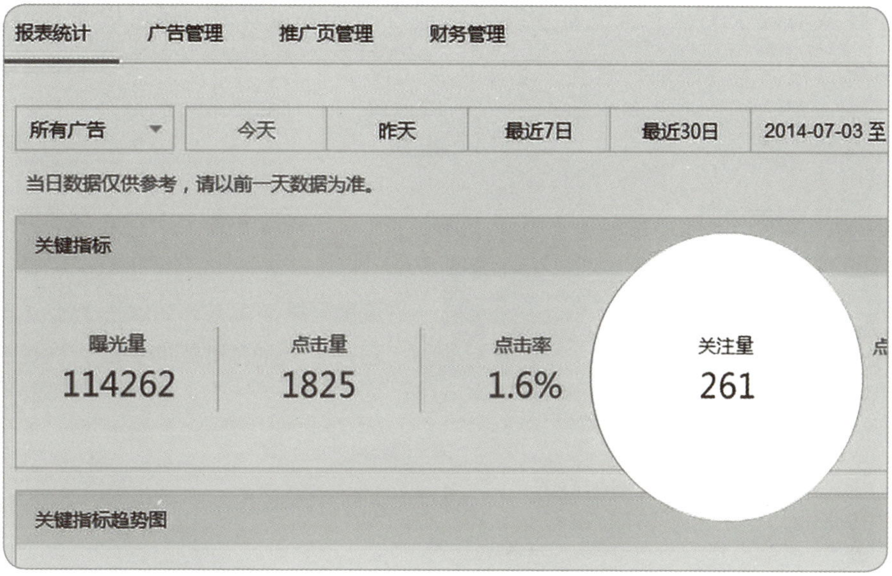

功能二：流量主

简单来说，流量主就是指那些在微信平台上提供广告展示位置，并从中获取收益的公众账号。想要成为流量主，微信公众账号不仅要通过认证，还要拥有10万以上的关注用户。试想一下，在一个拥有十几万粉丝的公众账号上做推广，将是多么受人瞩目的一件事啊！

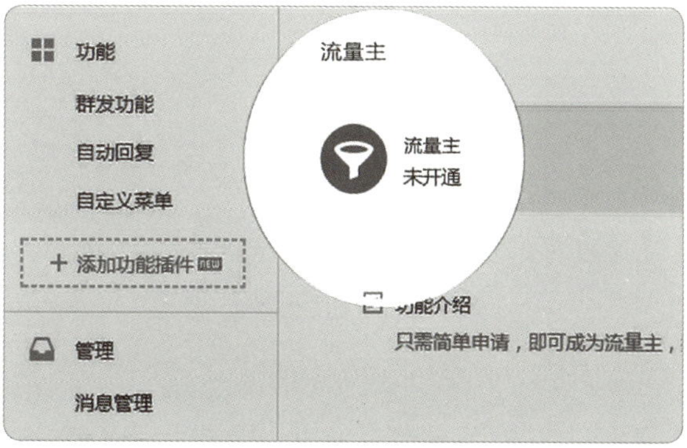

流量主这一功能可以说是一个双赢的功能，一方面，它能够帮助营销者实现推广目的；另一方面，它可以为流量主带来丰厚的利润收益。对于那些粉丝群庞大的微信公众账号来说，流量主绝对是一个不容错过的商机。

在微信公众平台上，流量主既可以查看广告展示效果，还可以管理财务、流量等，根据需要添加广告主黑名单或关闭流量开关。

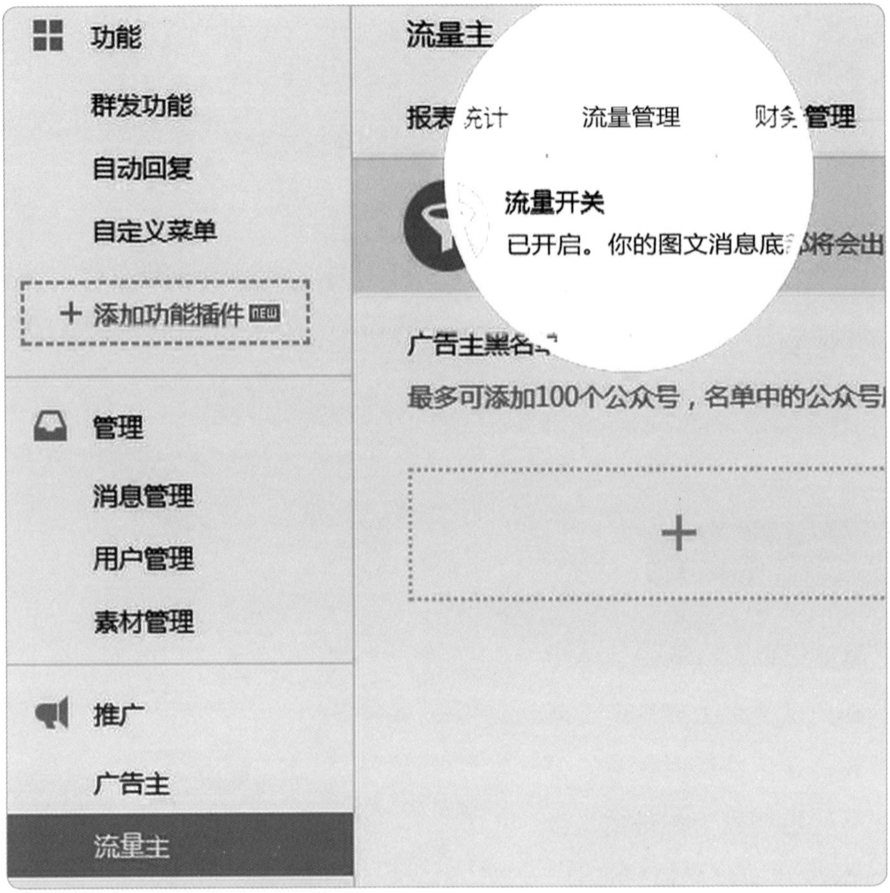

其实，广告主和流量主就相当于发广告、接广告的公众账号，其背后蕴藏着庞大的客户市场。如果大家可以充分发掘其内在的潜力，那么取得粉丝、资金双丰收并不是难事。

3.14 微信用户的分组管理

微信营销者在经营自己的客户群时，很容易陷入混乱的境地。这是因为客户的数量太多，管理起来十分不便。微信营销者如果想在如此庞大的客户群体中找到一个目标用户，会十分困难。在这种情况下，分组管理微信用户对于微信营销者来说，就显得很有必要。

分组管理包括两个方面的内容。

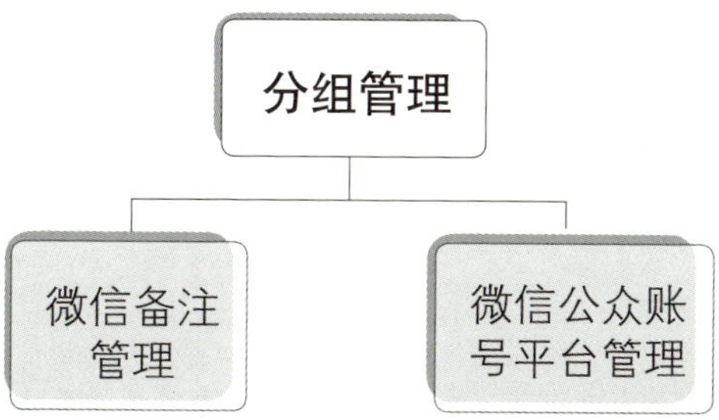

1. 微信备注管理

这是利用微信平台上的备注功能进行的分组管理模式。微信营销者可以在微信上为每个客户添加备注，以便分清客户种类和客户需求。一般建议是：可以采用职业名称或企业名称＋名字的方式，例如，达美物业＋维修工＋庄师傅；也可以是在客户名字前面加特色标签，以利于区分，例如，大客户＋天蓝公司＋王总。这样做可以起到区分客户群体的作用，便于微信营销者展开经营和服务活动。

2. 微信公众账号平台管理

这是利用互联网上的公众账号平台，对客户群进行的分组管理模式。微信营销者可以在公众账号平台上对粉丝用户进行分组管理和修改备注，明确客户的具体类别。这样做有利于微信营销者对客户群进行有效规划，了解他们的动态信息和对产品的需求，甚至获取到他们的位置信息，以便于微信营销者开展富有针对性的营销服务。

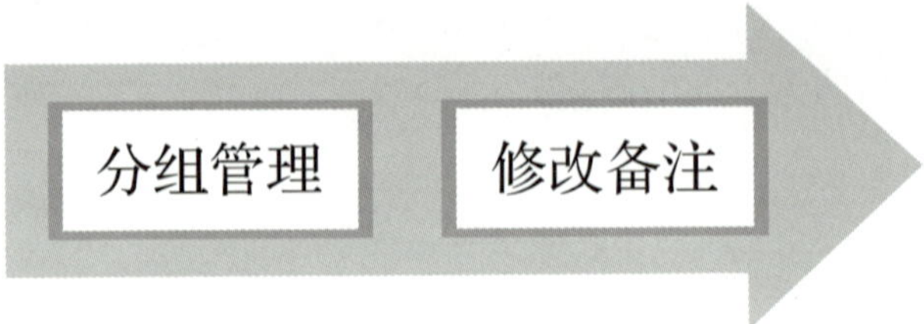

快捷有效的分组管理不仅有利于微信营销者的客户管理，提高其工作效率，更是体现客户的重要需求。因为对于客户来说，是否可以得到及时贴心的服务才是重中之重。而混乱的客户管理显然无法满足客户的这种需求。微信营销者在经营活动中，需要针对这种情况，开发互联网和微信平台上的分组功能，建立高效实用的分组管理。如此才能提高自身的服务质量，进而满足客户需求。

3.15 加入微店的必要性

所谓微店，就是一个容纳微信营销者进入的站点。从 2013 年开始，微店开始出现在人们的视野中，并迅速发展壮大。这种现象引起了很多微信营销者的注意，并使他们纷纷加入到微店中来。随着大量微信营销者的不断涌入，一批较具实力和知名度的微店快速崛起，例如，金元宝微店、易米微店、喵喵微店等。这些微店的产生和发展对微信营销市场形成了新的冲击。

微店很像是过去兴起的淘宝店，同样具有直观快捷的特点。相比淘宝店，微店可以使进入其中的微信营销者开展更方便的营销活动，具有它独到的优势。它一面连接着客户，另一面连接着贩卖货物的商业机构，已经成为一个连接上下的高效平台，能够使微信营销者产生更大的经济效益。微店在其演变过程中不断改革创新，更好地适应了微信营销的发展需要，得到了广大微信营销者的欢迎。加入微店对于微信营销者来说，已经变成一件很有必要的事。

微店一般包括两种类型。

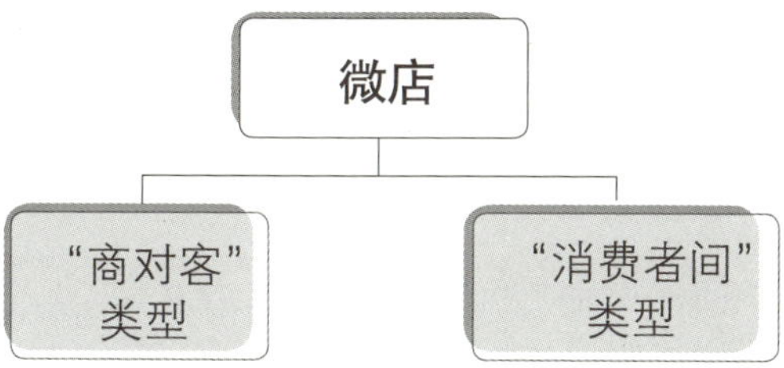

1.“商对客”类型

这是一种商家面对客户进行直接销售活动，或者提供服务进行零售的一种模式。大多网络零售业都是采取这种模式，例如，京东微店和微盟旺铺，它可以实现让微信营销者直面消费者，以便提供更方便、更贴心的服务，以此来赢得客户支持。

2.“消费者间”类型

这是一种个体对个体的微商经营类型。比如，有人拥有一台电视机，利用网络平台进行贸易，就可以把它交易到另外一人手中，实现商业交换行为。这种微店类型更多适合于个人开店，如口袋购物微店和拍拍微店。他们都是个人微店，属于“消费者间”类型。

微店是伴随微信的发展而产生的新兴事物。它不仅可以为商家提供更轻巧多变的经营方式，便于商家开展营销类活动，而且可以使商家发布更醒目的产品宣传信息，节省商家的精力和投入，产生一种小投入、大回报的效果。

3.16 利用大V宣传公众账号

任何一个微信号都加有一定数目的好友，这就像是一个小小的鱼塘，鱼塘中的鱼儿游来游去，产生各种各样的交集。但是，每一个“鱼塘”和其他“鱼塘”之间都存在着坚固的壁垒，这使得它们更像是一个个相对独立的空间。微信营销者若想打破这层壁垒，将所有“鱼塘”中的“鱼儿”联系起来，便要用到互推的方法。这是实现裂变式宣传的最佳途径。

互推的对象有很多，微信营销者要想实现最优的互推效果，就要选择牛人大咖，也就是俗称的“大 V”，利用他们巨大的影响力去为自己做宣传。这样做可以为微信营销者建立更高的客户信任度，并有利于得到别人的推荐，进而开拓更多的宣传渠道。

微信营销者若想利用大 V 实现互推，需要做到以下三点。

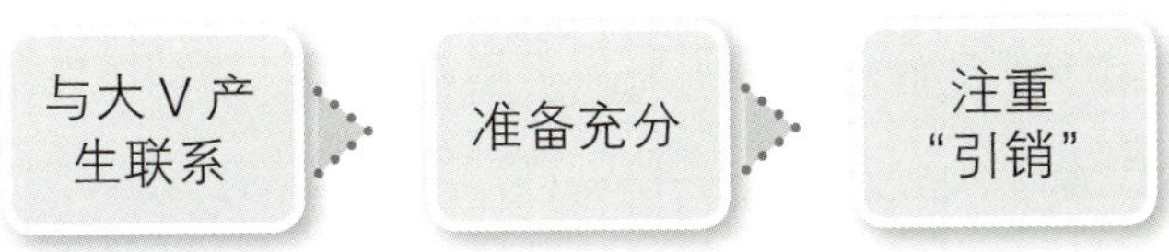

1. 与大V产生联系

微信营销者若想与大 V 产生联系，最简单的方法就是做他们的粉丝和学生。

例如，某大 V 设有媒体专栏，在浙江《每日商报》的平台上主推其学生微商创业的案例。这些学生便可以借助大 V 的影响力，建立自身的知名度。

2. 准备充分

最好的机会永远留给准备最充分的人。微信营销者要想实现与大 V 的互推，就要把准备工作做好，这样才会使大 V 愿意进行推荐活动。例如，微信营销者可以提前准备好文案，并在文案中添加自己的微信号；微信营销者也可以提前准备适宜的照片，以便起到更好的展示效果；微信营销者还可以展示与大 V 的合影，增强推荐的可信度，等等。这些准备工作会使大 V 互推更具效率。

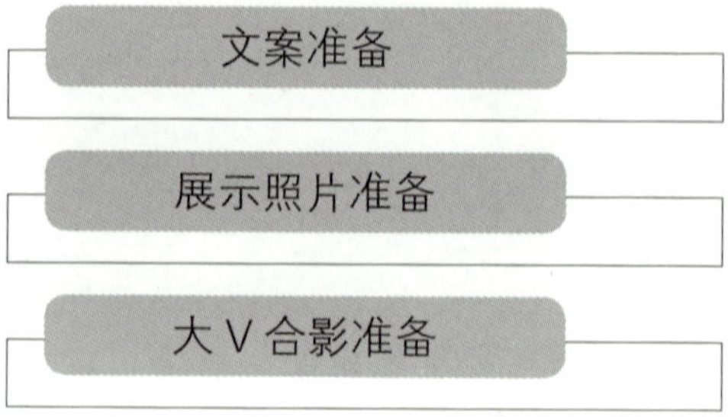

3. 注重“引销”

微信营销者在与大 V 互推时，要“引销”而不要推销。所谓“引销”，就是指重点推荐微信营销者本人，而不重点推微信营销者的产品。这是因为推销产品会给客户留下不良的印象，进而产生抵触情绪，不利于营销活动的开展。而推销微信营销者本人则会把这种推荐定位成社交行为，起到加分作用，并引起客户一探究竟的兴趣。

除了大 V 外，微信好友、某些社群组织以及其他微信营销者等，也是很好的互推对象。微信营销者需要利用任何能够利用的资源，扩大自身的影响力，这样才能拓展更多的宣传通道，达到最好的营销效果。

3.17 如何突破现有格局

现在，很多企业都在使用微信公众账号，其中既有通过认证的，也有没认证过的。然而不少企业并没有真正将微信公众账号利用起来，因为他们不知道微信究竟该如何使用。这就好比花钱买了一件商品，却发现没有说明书，结果只能将它放在一边当摆设了。这就向我们揭露了一个问题：公众账号要如何突破现有格局？笔者要告诉大家的是，想要有所突破，就要推出去。

首先，将产品推出去。大家可以通过多种渠道来推广产品，如借助微商城、微信菜单、图文消息等方式，这样可以有效提高产品关注度。

其次，将活动推出去。一般来说，微信活动主要有线上、线下两种形式，大家可以将这两种形式有机结合在一起，通过第三方应用将活动推送给微信用户，从而实现转发、点赞、签到等目的。

只要能够做到上述两点，可以说，公众账号就算是突破了自身现有的格局，微信营销就相当于上升了一个阶段，这对于公众账号今后的发展具有重要意义。当然，每个行业有每个行业的特点，大家还需要不断分析自身特点，灵活运用各种营销手段，这样才更利于进一步提升营销效果。

Part 4

想要快速吸金？掌握便捷的微信营销推广方法

微信营销的最终目的是什么？含蓄一点说是为了获取利润，说得直白些就是为了赚钱。在这个信息化时代，要想在微信上将自己的东西卖出去，不做营销推广是不行的。环顾一下我们的生活场景，小到大街上发放的传单，大到花重金打造的电视广告，其目的无一不是为了“吸金”。那么，微信营销要如何做推广呢？在这一章中，笔者就开始讲述推广之法，带领大家从微信中“掘金”。

4.1 如何开展朋友圈口碑营销

在营销圈中有这样一种说法："宁愿自己不赚钱，也要为自己树口。"所谓"树口"就是指树立口碑。在任何一种营销方式中，口碑都是一个不容忽视的方面。它与产品质量、营销服务、企业形象等息息相关，对营销成败有直接的影响。在微信中，朋友圈就是开展口碑营销的重要阵地，如果某个公众账号的产品信息能够在这个圈子中被数次分享，那么它将会收获一大批关注。不过，朋友圈又是一个十分敏感的地带，营销者一定要拿捏好推广方式。具体说来，我们应该如何借助朋友圈开展口碑营销呢？笔者根据自己的亲身经验，为大家精心总结了以下方法。

1.用产品质量说话

俗话说"酒香不怕巷子深"，一个产品的好口碑从何而来？质量绝对是不容忽视的因素之一。因此，要想在朋友圈中树立好口碑，我们首先要确保自己的产品质量过关，这样做起微信营销来会更有底气。笔者有一位朋友就十分注重产品的质量，他在做微信营销的时候一贯秉持这样一个原则：坚决不卖山寨货、高仿货。所以他在朋友圈中的好评、信誉度非常高。

2.明确销售类型

朋友圈毕竟是一个小圈子，要想在这个圈中将口碑树立起来，就要做得“精”。笔者建议大家，刚开始做微信营销时，不要好高骛远，最好明确一个销售方向，从单一的产品类型做起。通常情况下，小而精的东西更容易受到人们关注，更有利于产品推广。

3.做好服务

相信许多人都有这样的感受：去饭店吃饭，宁可选择服务好、价格稍贵的店，也不愿去服务差、价格便宜的地方。正是因为人们有注重服务这一心理，所以在做微信营销时，大家要为用户提供贴心的服务，比如送货上门、赠送小礼品、为用户解决心理疑虑等。

4.从熟人中收获第一桶金

有道是“兔子不吃窝边草”，然而在微信营销中，这句话要换一种说法，改成“兔子要吃窝边草”。尤其对于那些刚开始做微信营销、粉丝还不算多的人来说，向朋友圈中的熟人推广产品不失为一个营销妙法。这就需要营销者了解朋友圈的需求，例如朋友圈中的目标人群有多少，大家喜欢什么样的东西，对价格有什么要求，等等。然后根据目标人群的意向推送相关产品。一般来说，在熟人中树立口碑，更便于产品推广。

5.杜绝刷屏现象

在朋友圈中做生意，最令人反感的一件事就是狂刷屏。笔者建议大家，每天只在圈中发送一次商品推荐，一次性展示出产品的亮点，若是能够加入别出心裁的创意就再好不过了。这样既不会给朋友带来视觉污染，避免被拉黑的危险，而且还会激发朋友的好奇心，吸引朋友关注。

【成功范本】

沈阳红酒商

沈阳的马丽女士是一名经营红酒的商人，她曾在法国开启了一段红酒寻根之旅，在旅途过程中，她将自己遇到的景色拍成照片，发布在朋友圈中，这些照片既有浪漫的薰衣草田，又有壮观的葡萄园，还有非常罕见的法国庄园红酒，不仅向圈中的朋友们展示出了地道的法国红酒文化，而且还让人们感受到了红酒对于大众生活的深远影响。正是借助朋友圈的力量，马丽女士从法国回来后，很快就将两万斤红酒销售一空。

【立体剖析】

红酒是一种颇具格调的产品，马丽女士通过用生活照片记录红酒寻根之旅的过程，恰好与红酒这种产品相得益彰，这也就使她与朋友圈中的好友产生了很好的共鸣。而且晒旅游照这种方式与发布产品照不同，这种方式少了一种利益渲染，多了一层亲切的生活气息，更容易贴近人们的心理，有助于赢得朋友们的信赖，从而为其红酒销售奠定了坚实的客户基础。

4.2 让免费广告漂流起来

使用过 QQ 邮箱的人对“漂流瓶”一定不陌生，小小的瓶子可以将身处不同地方的人联系到一起，完全没有地域限制。在微信中，我们同样可以看到“漂流瓶”，借助这一功能，我们既可以打“免费广告”，又能将产品信息推广到许多地方，从而有效提升产品知名度。那么，“漂流瓶”怎样才能变身为有效的“免费广告”呢？大家不妨从这些方面入手。

1.文字有内容

发送文字信息是“漂流瓶”最常用的功能之一，若想借助“漂流瓶”来推广产品信息，大家就要保证文字有内容。这里所说的内容是指客户需求，只有能满足客户需求或让用户觉得有利可图，那么我们的营销推广就算完成了一半。在设置文字信息时，大家除了要体现出产品亮点外，还可以附上“关注我们，好礼相送”这样有吸引力的信息，这样不仅能实现产品推广的目的，还可以有效“吸粉”，增加关注度。

2.巧妙使用语音信息

微信“漂流瓶”除了可以发送文字信息外，还可以录制语音信息。和文字相比，语音给人的感觉更亲近，而且用户在捞到瓶子时，往往会出于好奇而点击语音，这样可以增加信息的曝光度。

3.注重趣味性和互动性

“漂流瓶”的一大特色就是没有地域限制，若是将微信活动融入漂流瓶中，那么其产生的效果将会呈现多个覆盖点，让更多地区的人了解产品信息。

需要注意的是，“漂流瓶”的使用数量是有限的，一般来说，每个用户每天可以使用 20 个“漂流瓶”，不过微信官方可以修改瓶子参数，增加瓶子被捞到的概率。

【成功范本】

招商银行

招商银行就曾将“漂流瓶”与慈善活动结合在一起，发起了一次营销活动。在活动期间，微信用户只要捡到招商银行扔出的瓶子，然后关注其公众账号，就能够参与爱心活动，通过“小积分，微慈善”的平台为自闭症儿童贡献自己的爱心。为了进一步扩大影响力，招商银行还在“漂流瓶”中加入了语音小游戏，有效地提升了用户的参与积极性。通过“漂流瓶”这一功能，招商银行不仅巩固和发掘了一大批忠实粉丝，而且还在公众心目中树立了良好的正面形象，为其推广自身产品打下了坚实的基础。

【立体剖析】

“爱心+互动”是招商银行此次活动的主旋律，虽然它并没有直接推出自己的产品信息，但是“小积分”这一主题就相当于展示出了自己的产品。在这次活动中，招商银行没有单纯依靠文字信息，同时加入了语音互动，这在无形中提升了亲和力。此外，这次活动还具有一定的明星效应，这也为活动的成功加了不少分。

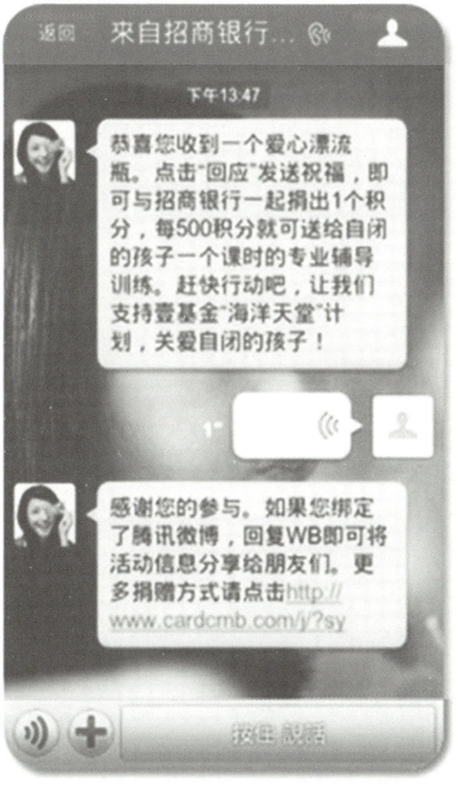

4.3 一摇、一扫提升产品曝光率

摇一摇手机可以摇出什么？在微信营销中，“摇一摇”能为我们摇出不小的商机呢！“摇一摇”是微信中一个十分有趣的功能，它之所以吸引人，是因为带有一定的不确定性。当用户摇动自己的手机时，手机会自动为其匹配此时此刻同样也在摇手机的人，这个人可能近在眼前，也可能远在天边，能激发起用户强烈地好奇心。如果我们能够巧妙运用这一功能，那么产品曝光率将会得到进一步的提升。

除了“摇一摇”，微信中还有一个很有趣的功能——“扫一扫”。借助这一个功能，人们可以扫描二维码、条码、封面、街景和翻译。在前文中，笔者为大家介绍过二维码以及推销二维码的方法，在微信营销中之所以要注重二维码推广，就是基于“扫一扫”这一功能。若是能够激发人们广泛使用这一功能，那么“扫一扫”将会带来不可小觑的营销价值。

那么，我们应该如何借助“摇一摇”、“扫一扫”来增加产品曝光率呢？笔者建议大家将这两个功能融入到营销活动中去。不过，要想让营销活动顺利展开，还需要注意两个方面。

首先是创意性

无论是开展“摇一摇”活动，还是“扫一扫”活动，大家都要注重活动的创意性。和其他的微信功能稍有不同，“摇一摇”“扫一扫”本身带有一点游戏的意味，因此活动的创意性越高，人们“玩游戏”的欲望通常也会越强烈。参与的人多了，营销活动才会顺利展开。

其次是价值性

除了好玩吸引人外，“好处”通常也是吸引人们参与活动的因素之一。在活动内容的设置上，大家可以在二维码中加入会员卡、促销、打折等优惠措施，还可以设置一些实惠的小礼品，让人们可以扫出或摇出“好处”。一般来说，有价值的活动更容易吸引用户参与，更有利于提升产品曝光率。

【成功范本】

钻石小鸟

钻石小鸟是我国知名的网络钻石品牌，在2013年2月14日这天，它以微信“摇一摇”功能为主，开展了一次颇具创意的微信营销活动。在情人节这天，用户只要在钻石小鸟指定的地点、时间内摇动手机，将钻石小鸟添加为关注，就有机会赢取丰富的奖品，最吸引人的是，此次活动的大奖是钻石小鸟十周年纪念版裸钻臻品——北极光钻石。通过这次活动，钻石小鸟的知名度迅速在人群中传播开来，成功实现了产品营销推广。

【立体剖析】

“摇一摇”与特殊节日相结合，令人垂涎的奖品设置，这两点是值得广大公众账号学习与借鉴的地方。另外，让用户在特定地点、时间内共同摇动手机，有一种人人都在参与的恢弘气势，容易激发用户的参与性。

【成功范本】

北京朝阳大悦城

当微信营销刚刚兴起的时候，北京朝阳大悦城就看到了“扫一扫”潜在的商机，2012 年 6 月，它开启了微生活会员账号，并在同年 7 月推出了一项有奖活动——“开通微生活会员卡”。用户只要通过扫描二维码将大悦城添加为关注，就能够成为其会员，即使没有实体会员卡也可以享受商城的各项优惠。这次活动不仅得到了许多商家的支持，还为其赢得了一大批粉丝。在 2013 年 8 月，北京朝阳大悦城将微生活会员卡与实体会员卡合二为一，并增加了消费积分、计费查询、浏览最新活动等功能，进一步提升了用户体验。

【立体剖析】

将微信二维码打造成微信会员卡，使关注的人都享受与实体会员卡一样的特权，并在后期增加了微信会员卡的服务功能，同时还在活动中设置奖项，这些都是值得大家学习、借鉴的地方。由此可见，一个小小的二维码，一个简单的“扫一扫”功能，只要经过精心设计，完全可以发挥出巨大的营销潜力。

4.4 让附近的客户主动找上门来

在前面，笔者向大家强调过，微信营销的起步阶段是一个积累的过程，切不可急功近利，所以，大家在刚开始做微信营销的时候要脚踏实地，将眼光放在目所能及的地方，而不要总是望着那些根本看不到的“钱景”。仔细环顾一下四周，事实上，真正的“钱景”就在我们附近，如果营销者能够将某一区域的人转变为自己的用户，那么其收获的利润也将是很可观的。

在微信中，有一项能够迅速吸引客户的功能，它就是“附近的人”。这一功能融入了 LBS（定位服务），既能锁定用户自身的地理位置，同时也可以定位周边一定范围内的人。“附近的人”除了拥有定位这一亮点外，还能够显示用户的名字和签名，这就为商家发掘潜在用户提供了很大便利。相信不少商家都有这样的想法：如果客户能够自己找上门来就好了。其实，要实现这一愿望并不是难事，只要巧妙运用“附近的人”,在店里坐等顾客也是可能的。那么,具体应该怎么做呢?别急，下面笔者就为大家介绍几个效果显著的“吸金”方法。

方法一：利用签名栏打广告

虽然签名栏最多只能写 30 个字，但是对于商家来说，它却是一个非常好用的“免费广告牌”。我们可以把产品的亮点、服务、优惠等信息写在签名栏中，这样当用户在搜索“附近的人”时，就能一眼看到我们的推广信息了。当然，大家不要忘记设置醒目的头像和名字。

方法二：选择恰当的时机

“附近的人”这一功能本身并不受时间限制，也就是说我们可以 24 小时开启这一功能。然而客户并不是每时每刻都活跃的，要想实现精准的客户定位，大家还要选择恰当的时机。我们以餐厅为例，通常情况下，中午、晚上等饭点是客户最为活跃的时刻，在这些时间段内，餐厅就可以开启“附近的人”，向周围的潜在客户打招呼，向他们推送美食信息、打折优惠等。对于一些有选择困难的人来说，这种做法往往可以起到有效的推广目的，从而吸引客户主动上门消费。

方法三：广撒网、多捞鱼

如何利用“附近的人”让更多人看到自己的推广信息呢？如果有足够的时间和精力的话，大家可以尝试“游击战”的方式。在人群密集的地方开启“附近的人”，留下自己的地理位置，然后换到下一个人群密集的地方，用同样的方法留下足迹。因为就算离开了某个地方，自己的信息在一段时间内还是会留在“附近的人”当中。此外，大家也可以用多部手机开启多个小号，用同样的方式来留下自己的信息。一般来说，汽车站、商场、超市等人群密集的地方都可以尝试这种推广方式。

【成功范本】

“饿的神”快餐店

“饿的神”是上海市的一家快餐店，它瞅准了“附近的人”这一功能，每天都会在饭点向人们推送餐厅信息。它不仅支持微信文字或语音订餐，还会为客户提供免费的送餐服务。这种信息推广方式和贴心的服务有效地帮助人们解决“吃什么”的麻烦，同时为它节省了许多宣传成本，有效地扩大了知名度，并培养了一大批忠实的客户。

【立体剖析】

语音或文字订餐+免费送餐服务+恰当的推广时间，这种信息推广模式既充满吸引力，又有很强的可操作性，值得许多同行借鉴。不得不说，将“附近的人”打造成免费的“电子传单”突破了传统的信息推广方式，无论是对客户还是对商家来说，都是一种便捷、高效的转变，蕴藏着极大的营销价值。

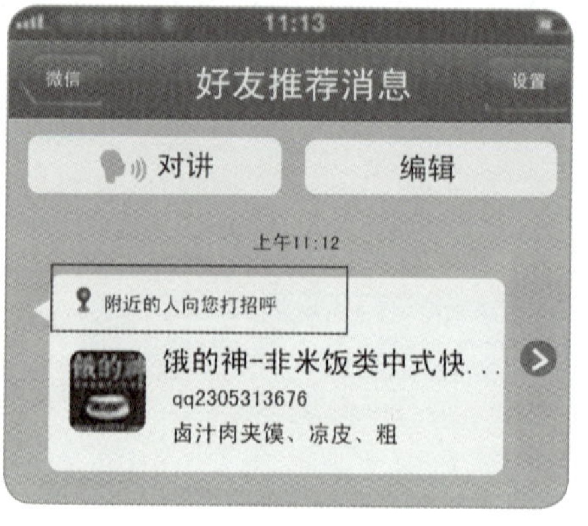

4.5 游戏和表情也能创造商机

微信 5.0 推出以后，人们惊喜地发现，微信不仅可以玩游戏了，表情也丰富了不少。其新增的“游戏中心”和“表情商店”不仅为人们带来了更好的微信体验，同时也为我们开启了一片营销新天地。这一点，从游戏购买道具、表情支付费用等方面就可以体现出来。如果你是对游戏和趣味表情很感兴趣，并且具备一定的计算机专业知识，那么微信游戏和微信表情将会为你带来难得的创业机遇。当然，就算是普通人，我们也可以从微信的“新角度”延伸出新的商机。在这里，笔者就为大家推荐一些与游戏、表情有关的赚钱之道。

1.开发游戏产品

这一方法适合那些具有一定专业知识的创业者。既然是开发游戏产品，创业者就要有敏锐的市场洞察力，了解大众喜欢什么类型的手机游戏、对手机游戏有什么要求等，这样才能保证开发出适合大众需求的产品。

2.搭建创意互动的微信平台

这一方法是对微信游戏的引申，适合大多数人采用。所谓的“搭建创意互动平台”，是指在微信公众平台上加入游戏的概念，将公众账号打造成一个充满互动性的闯关小游戏。人们只要在微信上输入关键词，就可以参与游戏，从中收获乐趣。需要注意的是，要想通过这种游戏来赚钱，营销者不仅要发挥创意，还要将产品推广巧妙地融入游戏中，激发用户的购买欲。例如，闯关成功的用户可以免费获得折扣券或积分，在购买产品时享受一定的优惠。这样有助于将潜在客户转化为实际利润。

3.开发微信趣味插件

追求新鲜事物、与众不同是许多人共有的心理特点，我们可以抓住这一心理，开发一些个性的趣味表情，当然，这一方法适用于那些具有软件开发能力的人。大家除了将新产品搬到微信“表情商店”中，还可以作为第三方应用与微信合作，通过“自定义添加”这一入口进入微信。

【成功范本】

手机网页游戏

“手机网页游戏”是一个深受大众喜爱的微信公众账号，出自于 HTML5 游戏创业团队磊友科技的创始人赵霏之手。它设有简单、直观的游戏菜单导航，用户只要回复数字或游戏名称，就可以参与角色扮演、动作冒险、体育竞技等多种类型的游戏。这些游戏既有男性喜爱的类型，也有女性喜爱的类型，涵盖人群十分广泛。只用了一个月的时间，“手机网页游戏”就成功赢得了 5000 多名粉丝关注，有效实现了微信营销的目的。

【立体剖析】

明晰的菜单导航，便捷的操作方式，针对不同人群设计的游戏类型，这些都是“手机网页游戏”取得成功的必备因素。它虽然不是一款专业的手机游戏，但是其贴心的服务和出色的创意深得人心，从而为其带来了良好的口碑。

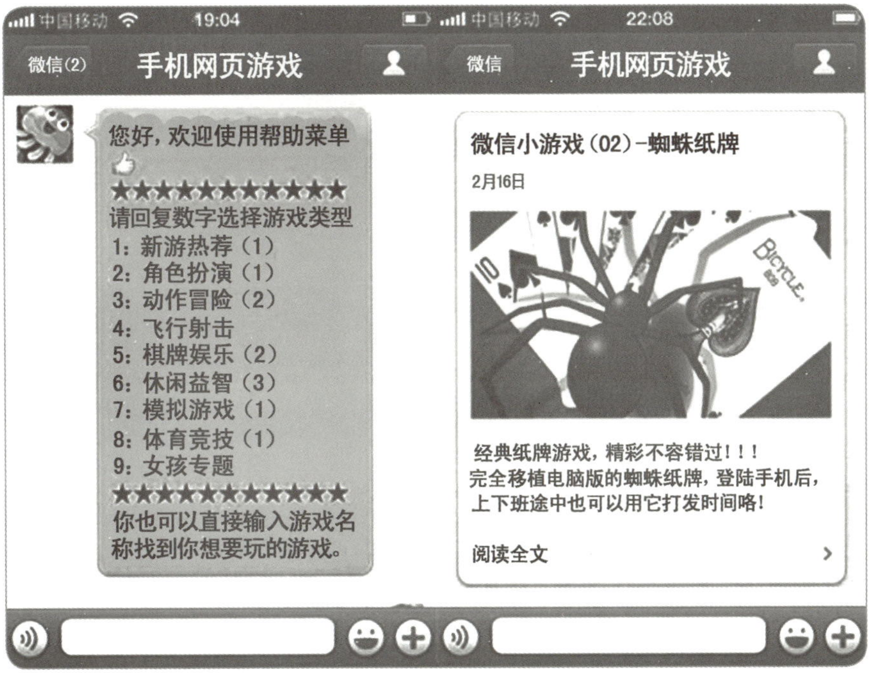

【成功范本】

表情大全

“表情大全”是一款以趣味、动态为主的表情应用，它与微信“表情商店”中的表情不同，不需要花钱购买，只需要用户在微信上安装插件，就能够从中获得与众不同、富有个性的趣味表情，从而更好地表达自己的感情。其内容丰富、操作方法简单，深得用户喜爱。

【立体剖析】

以插件的形式融入微信，为用户提供个性表情，使用方法便捷，这些都是“表情大全”的亮点。一般来说，应用产品若想赢得用户青睐，不仅要有创意，还要够实用，而“表情大全”就做到了这两点，大家在开发产品或设计营销方案时不妨向它学习借鉴一下。

4.6 拓宽微信支付的财路

与刚“出道”的时候相比，微信已经不单单是一个扩大交际圈的社交应用了，随着支付功能的出现，它俨然成了一款袖珍的 App Store（应用商店）：既能为人们提供各种资讯、服务，又可以玩游戏、买东西。与此同时，这为我们做微信营销进一步拓宽了财路。

大家可以试想一下，以前用户只能在微信上浏览产品信息，如果想要购买的话还需要登录电脑，通过搜索、加入购物车、选择支付方式等一系列操作才可以完成交易。这其中隐藏着许多不确定因素，例如用户无法立即登录电脑，在搜索产品的过程中突然打消了购买念头，等等。而现在，用户在微信上相中某件产品，只要绑定手机银行，就能够直接在微信上实现支付。这种商品变现的速度远远超越之前的购买模式，并且大大减小了客户购物时的不确定性。

因此，若想进一步提升微信营销的“吸金”力度，我们就要抓住微信支付这一商机，从中拓宽营销的财路。那么，具体应该怎么做呢？在这里，笔者为大家总结了以下几点经验。

1.在微信公众平台接入支付功能

这种开通支付的方法比较权威，且适用于通过微信认证的服务号，而且需要支付一定的金额。公众账号需要向微信官方提出开通微信支付的申请，在各项手续办理妥当后，接入开发模式，然后根据自身需要来设置支付功能。

2.在微信上接入第三方应用

目前，市面上有许多具有支付功能的第三方应用，将此类应用接入微信，用户在点击支付时，可以跳转到此类应用的支付平台，从而完成支付。需要注意的是，大家在选择第三方应用时最好选择信誉度好的产品。

3.借助二次开放商的平台接入支付功能

随着微信营销不断升温，市面上出现了一些微信二次开发企业，这些企业能够自主开发公众平台，为商家提供一个支付平台。大家借助此类企业，在开发模式中嵌入支付功能。

无论选择哪种方式来开发支付功能，大家都要注意两个问题，一个是资金安全问题，另一个是用户体验问题。只有首先保证这两点没问题，后续的营销工作才能顺利开展。

【成功范本】

美丽说

美丽说是国内一家知名的女性时尚电子商务平台，早在2009年时，它就开通了自己的微信公众账号，并积累了千万名活跃度很高的粉丝。在2014年新春之际，美丽说与微信联手，推出了“2014新春回馈活动”。活动期间，用户只要在美丽说上通过微信支付下单，就可以享受每日立减10元的优惠。不仅如此，如果是新注册的用户，还可以免费领取5元现金券，在用微信支付时可以与立减10元的优惠重叠使用。通过这次营销活动，美丽说不仅吸引了大批新老用户关注，进一步壮大了手机用户群，而且快速、有效地赢得了丰厚的利润，在电商界掀起了一轮新颖的消费热潮。

【立体剖析】

将微信支付融入新春换季这一特殊的时期，并设置折上折优惠，有效地推动了美丽说的回馈活动。随着智能手机越来越普遍，我们有理由相信，手机用户中潜藏着十分巨大的商机，若是能将手机用户发展为目标客户，那么微信营销的财路将会变得更加宽广。而美丽说就是最好的证明之一。

4.7 打造有价值的菜单

早在测试阶段时，“自定义菜单”就曾引发众多商家的质疑：它究竟能够创造多大的价值？现如今，“自定义菜单”早已成为一项见怪不怪的的功能，而它也用实际行动向大家证明，它潜在的营销价值是十分巨大的。有人说：“‘自定义菜单’将微信变成了一个功能丰富的企业 App。”这种说法虽然略显夸张，但却是不争的事实。我们必须承认，“自定义菜单”进一步提升了微信公众账号的服务，让它从一个简单的阅读平台变成了一个具有实用性的工具，从而有效拉近了客户与商家的关系。那么，我们应该如何打造有价值的“菜单”呢？大家可以从以下几个方面入手。

1.分类

“自定义菜单”分为一级标题与二级标题，我们可以设置 3 个一级标题，每个一级标题下可以设置 5 个二级标题。这就需要大家做好功能分类，将大功能设为最明显的一级标题，然后将细分出来的功能设置为相应的二级标题，有主有次更能体现“自定义菜单”的价值。

2.标题

在前文中，笔者向大家介绍过标题的重要性。在“自定义菜单”中，起一个醒目、亮眼的标题同样是必不可少的。由于菜单栏很窄，所以标题的字数不能太多，一级标题要以精练的关键词为主，直接体现出功能特色；二级标题则可以适当增加一些趣味性，例如以感叹、疑问的词语来激发人们的好奇心。

3.内容

“自定义菜单”之所以深受大家喜爱，就是因为它可以增加客户的活跃度。而促成这一作用的前提就是，菜单的内容有价值。大家可以在菜单中加入官网链接、支付功能、查询服务等实用性的内容，还可以将微信活动放在菜单中，例如每日游戏、签到等，这样可以增加用户每日点击率，有效提升用户活跃度。

掌握了“自定义菜单”的编排技巧后，我们再来看看如何设置自定义菜单。

（1）进入微信公众平台，选择“功能”选项下的“添加功能插件”，在右方菜单中点击“自定义菜单”功能选项，将自定义菜单插件开通。

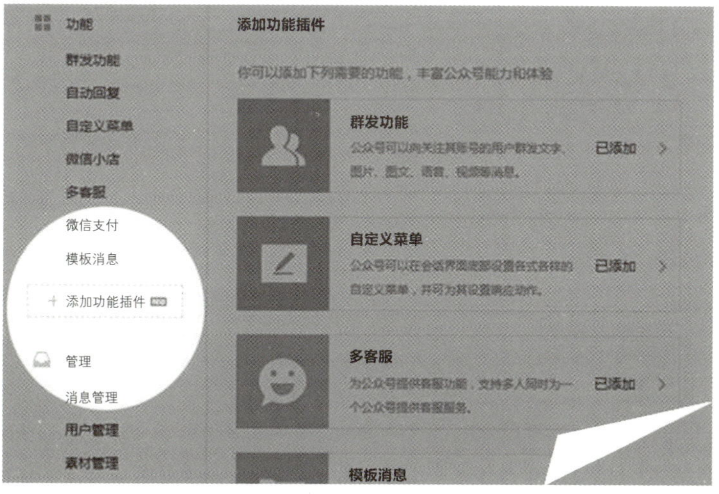

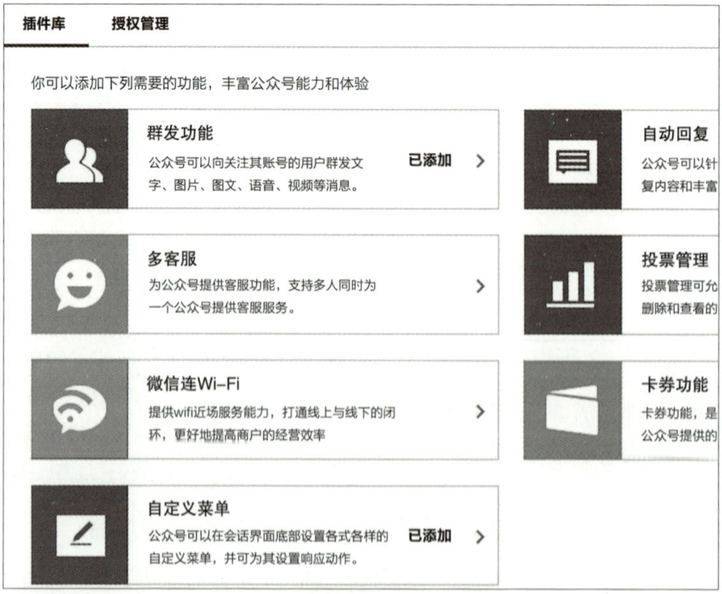

（2）开启自定义菜单功能后，页面上便会出现“发送信息”和“跳转到网页”两项选择。其中“发送信息”涵盖图片、文字、语音以及视频等信息的发送；“跳转到网页”则可以在自定义菜单中直接操作，将素材库里面的图文信息确立为跳转到网页的目标。

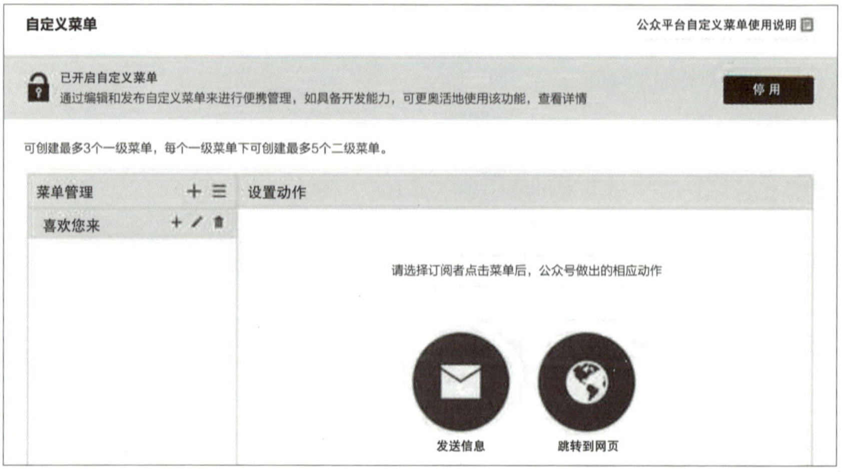

需要注意的是，未认证过的用户暂时没有办法在“发送信息”选项中发送文字，也无法在“跳转到网页”选项中直接将网址输入进去。

【成功范本】

海南航空

为了进一步完善自身功能、带给客户更好的服务体验，海南航空在微信公众平台上开通了专属的自定义菜单。其菜单分为机票预订、旅行助手、会员中心三大板块，为用户提供航班动态、预定机票、办理登记牌、天气查询、里程查询等服务。不仅如此，用户在微信上还能享受优惠、放松休闲，并对其服务进行评价。有了自定义菜单，海南航空不仅节约了用户时间，还提高了自身的工作效率，可谓一举两得。

【立体剖析】

分类明晰、内容涵盖面广、实用性强，这些都是海南航空微信自定义菜单的亮点。为了让自定义多一些趣味性，海南航空还在子菜单中设置了“休闲一刻”小板块，这就增加了用户的互动性，有效提升了公众平台的活跃度。

4.8 有声有色的推广技巧

在前面我们提到过，微信可以发送文字、图片、语音、视频等多种形式的消息，其中文字相较于其他几种形式，不得不说，带有更多的局限性。一方面，文字太多容易给人造成视觉疲劳感，不利于读者阅读；另一方面，文字有时候很难将一件事情描述清楚，而一张图片、一个声音或一个镜头则能够带给人们更直观的感受。因此，在做微信营销推广时，大家要灵活运用多种信息推广形式。在这一节中，笔者就着重为大家介绍一些有声有色的推广技巧。

技巧一：图文结合

什么叫“有图有真相”？图文结合就是“有图有真相”。在消息飞速传播的当下，节省时间就相当于增加营销成功的概率。图片与文字相结合，既节省文字叙述的时间，又能够让人更快地了解事情本来的面目，是一种简单、便捷的微信营销推广方式。

在设置图文消息的时候，大家要注意这些方面：（1）图片要有亮点。与文字内容有关的图片最好，如果只是用来美化版面，则要选择精致、有趣的图片。（2）文字要突出重点。杜绝冗长的文字描述，在图片的搭配下，以关键词叙述为主。

技巧二：语音信息

语音最大的魅力就是亲民。大家试想一下，将手机放在耳边，静静听着偶像的声音，这是一种多么奇妙的感觉！尽管我们知道这是一条群发消息，但是因为语音的关系，双方的距离瞬间被拉近了。而且在看到语音信息的时候，大部分人都会出于好奇而点击进去，这就增加了信息曝光率。

在设置语音信息的时候，大家要注意这些方面：（1）注意语言的感情色彩，要与推送的内容或自身特色相得益彰。（2）掌握好语音时间，不要太短或太长，一般来说 30 ~ 50 秒为宜。（3）将语音与导航、游戏等互动结合在一起，可以提升微信粉丝的活跃度。

技巧三：微信视频

既有生动的图文画面，又有精彩的声音，微信视频可以说将图文和语音信息巧妙地融合在了一起。这种信息推广模式具有很大的发掘空间，而且使用灵活度高，大家可以根据实际需要在视频中融入公众账号、二维码等信息，最大限度地实现营销推广。

现在，一些视频应用日渐兴起，例如微视、微拍等。这些应用不仅深受普通大众喜爱，同时还是许多电商、名人明星十分青睐的推广方式。大家可以灵活使用这些应用功能，制作创意短片，从而实现营销目的。

在设置视频信息时，大家要注意这些方面：（1）视频要精悍小巧，以满足人们快速浏览信息的需求。因为微信毕竟不是视频播放器，人们还有其他很多事情要做，如果视频时间太长，很容易给用户带来阅读压力。（2）不要频繁推送视频信息，这样容易削弱用户的新鲜感。（3）如果是原创视频，要有创意、趣味性，这样可以增加用户分享的概率。

技巧四：线下引流

线下引流是与线上引流相对应的概念，指的是营销者通过线下活动引领客户进行线上成交或将客户发展成代理人的行为。这是一种随着移动互联网不断发展而产生的最新经营方式，它符合微信营销未来的发展趋势，具有很大的可行性和实用性。线下引流主要包括以下三种方式。

① 举行聚会活动。营销者可以从微信平台上发起短期的聚会活动，如采摘应季水果、唱歌跳舞、开展体育运动等。因为参加这些活动的客户一般都是拥有较多空闲时间的人，所以营销者有很大机会将他们发展成自己的代理人。

② 开展旅游。旅游是一种很受大家喜爱的娱乐消遣方式，营销者可以适时发起旅游活动，召集有旅游需求的客户共同出行。在这个过程中，营销者不但可以和客户加深了解，增进感情，还可以更好地推广自己的产品，达到一箭双雕的目的。

③ 进行培训活动。培训活动是现代社会一种很流行的活动模式。它的种类繁多，形式多样，受众较为广泛。营销者可以通过开展培训活动，吸引客户的关注和参与，达到推广产品和发展代理的目的。例如，营销者可以选择开展短期的成人培训班和婴幼儿培训班，前者可以直接获得高质量的客户，后者的受

众主要集中在年轻的妈妈们身上，她们拥有较多的空闲时间，接受新事物能力较强，是很好的潜在代理源。

线下引流的方式多种多样，绝不仅仅只有上述三种。除此之外，还有相亲、俱乐部活动以及大型社会类活动等其他方式。营销者需要因地制宜、因时制宜，采取合适的方法，达到最优化的宣传效果。

【成功范本】

国家博物馆

在微信公众平台上，“国家博物馆”推出了一项与众不同的服务——微信语音导航。用户只要发送关键词，就能够在参观展览时从微信上获得自主导览。为了进一步提高用户的服务体验，“国家博物馆”还专门邀请“名嘴”倾情献声，为“道法自然——大都会艺术博物馆精品展”录制了解说词。这种动态的语音解说为用户参展带来了很大便利，有效地拉近了用户与公众账号之间的距离。

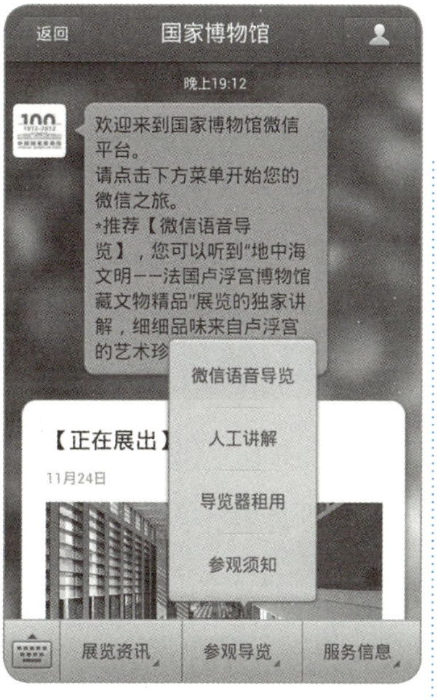

【立体剖析】

语音导航本身就是一种十分有创意的服务功能，它节省了用户低头看文字的时间，用户只要把手机放在耳边就能在参观的同时获取动态解说，而且可以重复收听。再加上明星效应，用户会对公众账号的关注积极性进一步提升。这种“创意+明星效应”的做法值得广大微信公众账号学习与借鉴。

【成功范本】

小米手机微视营销

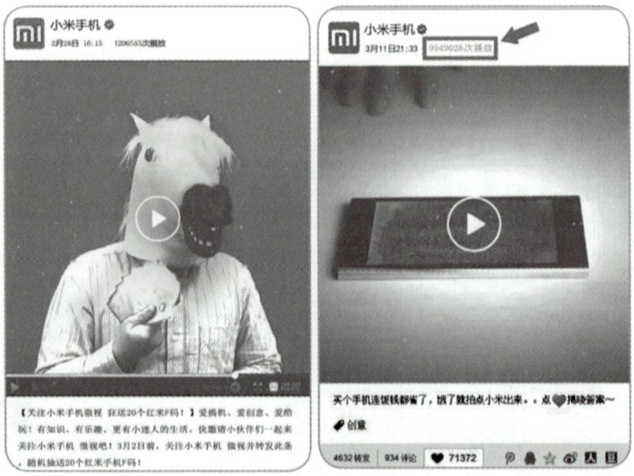

微视是腾讯旗下的一款视频社交应用。用户可以通过此应用拍摄视频短片，根据个人喜好添加特效，并通过 QQ、腾讯微博、腾讯邮箱、微信等分享视频，从而获得用户关注。借助这一功能，小米手机微视在网络上迅速蹿红，尽管只有短短的 8 秒钟，但是不同版本、不同主题的小米微视受到了许多用户关注，有效地提升了小米手机的知名度。

【立体剖析】

创意功能、便捷操作、社交分享等特点都是微视的亮点。在通过微视做推广时，大家可以借鉴小米手机，设置不同版本的微视，每个版本都要主题突出、有创意，这样更容易在较短的时间内快速抓住客户眼球，从而实现营销推广的目的。

4.9 强有力的短信推广妙招

除了在微信上发送推广信息外，我们还可以通过手机短信来进一步扩大营销范围,吸引更多粉丝关注。有人也许会担心:现在,许多智能手机都有自动拦截功能,短信推广的效果会不会打折扣？手机拦截或许会对短信推广产生负面影响，但是大家不要忘了，当手机提示拦截到短信时，许多用户都会点开查看详细情形。只要用户能够看到信息，短信推广的目的就算是实现了一半，如果内容有亮点，那么就算是垃圾短信，也会吸引用户关注的。

那么，我们如何提高短信推广的效率呢？在这里，笔者为大家推荐一些实用的推广小妙招。

妙招一：将微信公众账号放入短信中

虽然文字短信中无法放置二维码，不过我们可以将自己的微信公众账号输入短信中，这样可以在宣传产品信息的同时，将微信公众账号推广出去。

妙招二：设置契合用户心理需求的亮点

随着智能手机越来越普遍，人们对网络的需求也越来越大，在进行短信推广时，我们就可以抓住用户这种心理，用“无线”来“网”住用户，例如：关注我们的微信公众账号，畅享无线网络。此外，优惠、免费礼品等信息能够激发用户的关注，在设置短信消息时我们可以说：关注我们，尽享优惠（好礼相送），等等。这些都是契合用户心理需求的亮点，有助于微信营销推广。

妙招三：选择恰当的时机推送信息

做任何事情都要把握一个度，短信推广同样如此。如果频繁向用户发送短信消息，很容易引起用户反感，因此大家不妨选择一些特殊日子来发送信息。例如节假日、周年庆等，这样更容易调动用户的积极性。

4.10 必不可少的微信应用软件

对于今天的微信营销者来说，硬件需求很容易得到满足，只要投入一定量的资金就可以做到。但是软件需求却很难达到预期。各种软件为智能机提供了不同的特色功能，这些功能往往是那些硬件工具所无法具备的。笔者将有选择地介绍三个微信营销者需要用到的软件。

1. 微信相关工具

微信相关工具是指对微信平台本身起作用的软件。这些软件可以对微信平台起到很好的优化效果。例如，微信网页版可以实现微信网上登录，提高微信营销者的工作效率；微信多开软件可以支持一个手机重复登录多个微信账号，便于微信营销者突破客户人数限制，并对客户类别做到有效管理；微信好友助手可以快速查找已将自己删除的好友名单，便于微信营销者及时清理无效客户。这些软件可以对微信营销者的经营活动起到很好的辅助作用。

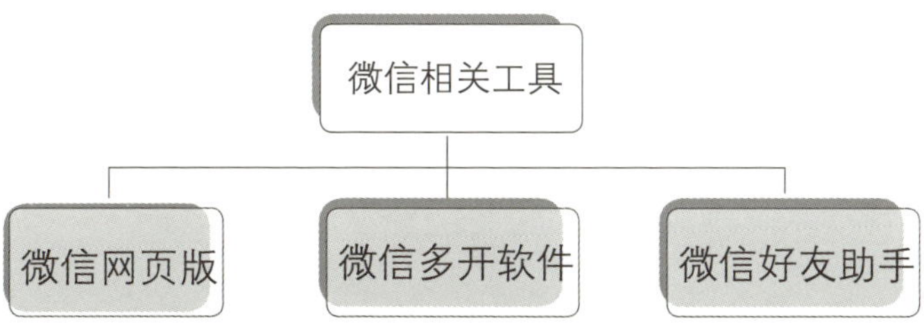

2. 文字工具

微信文字工具的作用主要体现在对微信营销者所发送的编辑信息进行装饰，使其变得更加有趣、更具实用性。比较常见的文字工具包括表情大全和语音转文字工具。表情大全中拥有许多特殊表情，它们可以修饰图文，为冷冰冰的图文信息增添生动的色彩；语音转文字工具则可以将发送人的声音转化为文字，适合于会议、休息等不适宜发送语音消息的场合，具有方便、实用的特点。这些软件工具可以使微信营销者在发送信息时，拥有更加丰富的选择。

3. 图片工具

随着社会的进步和发展，移动互联网将越来越多的人联系在一起，逐渐取代了传统的互联网互动模式，这已经成为大势所趋。这种模式具有一个很重要的特点，那就是让人们从打字时代进入到看图时代。这是因为在手机这种相对较小的工具上，图片拥有得天独厚的优势，能够更好地吸引人们的注意。基于此点认识，微信营销者需要对图片的制作采取足够重视的态度，而要想制作出出色的图片，图片工具是必不可少的。如美图秀秀、海报工厂、连拍王以及美颜相机等，就是很好的图片优化工具。

此外，还有诸如视频工具、文件传输工具、活动工具以及营销工具等软件，微信营销者可以选择合适的软件工具，使它们对自己的经营活动产生积极的影响。

Part 5

钱景无限好，看各行各业如何在微信上吸金

如今，加入微信营销大军的行业越来越多，人们也越来越关注微信的发展。毫不夸张地说，微信营销的“钱”景是非常广阔的，但这并不代表所有行业都能从中实现“吸金”的目的。若想促成微信营销，不同的行业就要想办法将微信化为己用，也就是说，要让微信和自身特点相结合，这样才能充分发挥微信营销的力量，真正有机会实现“吸金”目的。在这一章中，笔者将为大家详细介绍不同行业的微信营销技巧。

5.1 餐饮行业如何进行微信营销

常言道“民以食为天”，餐饮行业可以说是日常生活中最热门的行业之一。然而事物总是具有两面性的，行业热门同时也意味着竞争激烈。在这种现状之下，该行业中的个体若想突出重围，就要提升自我效率：花最短的时间，用最简单的方法，吸引最多的客户。在这里，笔者根据自身丰富的实践经验，为大家提供一些适用于餐饮行业的方法。

1.开展微信订餐服务

大家可以借助 LBS 定位功能向用户推送餐饮信息，同时也可以在微信上向现有用户推送微信订餐的消息，让人们通过关注微信账号来享受便利服务。试想一下，在炎炎夏日，足不出户就能吃到午饭是一件多么惬意的事！只要商家能够提供用户满意的菜品、及时上门服务，那么“微信订餐”往往能为商家带来一笔数目可观的定单。

2.完善微信服务菜单

公众账号欢迎语关键字导航、自定义菜单等都是商家需要不断完善的服务，大家可以在这些微信服务菜单中融入新菜发布、折扣优惠、门店推荐等不同的功能，这样可以满足不同客户的需求，方便客户自主选择，从而增加客户的忠诚度。

3.全面推广二维码

在门店、宣传单页等实物上印上自己的二维码，用“扫描即享优惠”来吸引用户关注。这种方法不仅能够快速“吸粉”，而且还可以增加公众账号的曝光率，起到广告宣传的作用。相比较电视广告、报刊广告等传统广告，这种方法能够为商家节省不少宣传成本。

4.借助第三方应用提高自身服务

我们也可以选择适合自身的第三方产品，以弥补自身的不足，全面提高客户服务体验，这样能够有效地巩固客户基础，有助于产品口碑传播。

5.双号运营，名利双收

如果有条件的话，大家可以开设两个微信账号，一个用来宣传品牌文化，另一个用来开展优惠活动，这样既可以实现品牌深度推广，又方便客户使用微信优惠券，还能进一步扩大粉丝群。

【成功范本】

海底捞

海底捞是国内一家小有名气的火锅餐厅，以川味为主要特色。它开设了两个微信公众账号，一个用来推广新产品，为客户提供一些餐厅最新动态，另一个主打创意活动，以激发客户的活跃度。在推广公众账号的时候，它用到了易拉宝：将公众账号二维码印在易拉宝上，然后把易拉宝放在餐厅醒目的位置。客户只要用手机扫描二维码，就能够成为其微信会员，并享受一定的优惠，如第一订餐外送费可以打五折、购买指定套餐立减 30 元等。这种运营模式不仅使海底捞的品牌形象深入人心，而且还给它带来了一大批忠实客户，可谓“名利双收”。

【立体剖析】

易拉宝推广二维码、优惠措施、双号运营，这些都是海底捞成功运营微信的要素。相较于纸质传单，易拉宝推广二维码的形式看起来更加环保、而且不扰民（散发宣传单往往会给人们带来强制推送的感觉），虽然都是实体推广，但后者给客户的感觉更亲近一些，这种细节服务体验正是许多公众账号值得借鉴的地方。此外，海底捞很好地抓住了人们的心理需求，用双号运营、折扣优惠等满足客户需求，是培养客户忠诚度的好方法。

5.2 酒店行业如何进行微信营销

在传统行业中，酒店行业的发展可以算得上突飞猛进，尤其是在经济日新月异的今天，酒店之间的竞争也变得越加激烈。笔者接触过不少酒店行业，并为它们打造了一些行之有效的营销方案，尽管这些酒店各有不同，但它们有一个共同的需求：提升酒店服务功能。下面，笔者就为大家详细介绍一些提升酒店服务的方法。

1.完善酒店预订功能

对于酒店来说，设置便捷的微信预订功能十分重要。一方面，这样可以免去客户打电话或跑到实体店预订房间的麻烦，另一方面，还能快速为酒店增加订单。我们可以设置关键词预订或借助自定义菜单开发预订功能，再配以清晰的房间全景图展示，这样能够更好地吸引客户关注，便于客户自主选择。

2.打造便捷的CRM会员系统

管理好客户是每一个酒店应该具备的基本素质，这样有助于拉近客户与酒店之间的距离，还有利于酒店及时根据客户需求完善整体服务。我们既可以借助微信后台数据统计统筹管理用户群，还可以根据实体店的客户反馈来整理客户意见。

3.做好互动服务

这需要酒店配备相应的微信后台服务人员，并且要保证客服人员具有很强的执行力，及时与客户沟通，为客户提供相应的服务，切实为用户解决问题，这样才能提高用户的忠诚度，有助于酒店长远发展。

【成功范本】

汉庭酒店

在众多酒店行业中，汉庭酒店的微信营销可以说是做得比较好的。它十分看重互动服务，专门设置了20名微信后台服务人员，为用户提供及时、有效的在线服务。不仅如此，汉庭酒店还可以根据地理位置为用户提供贴心的定位服务，最大限度地满足客户需求。有数据表明，汉庭酒店的微信能够实现其App上80%的服务，客户无需另外下载应用，就能够在微信上实现预订酒店的全程服务。正是基于这些便利的服务，汉庭酒店微信公众账号仅在一个月内就收获了40多万的粉丝。

【立体剖析】

一对一互动沟通、地理位置定位服务、完善的酒店预订功能，这些都是值得同行人学习和借鉴的地方。通过汉庭酒店的案例，大家应该明白一点：微信服务越完善，其被使用的频率就越高。若是能将微信打造成一个轻量级的手机App，那么这将会为商家节省开发专用App的成本，一些中小型酒店行业不妨一试。

5.3 金融行业如何进行微信营销

随着微信支付功能的开通，人们对“微理财”也越来越关注。一些嗅觉灵敏的银行、基金公司、保险公司等开始纷纷抢驻微信平台，围绕微信展开了一场营销大战。像我们熟知的招商银行、工商银行、华夏基金、南方基金、平安人寿、泰康人寿等都是微信营销大军中的一份子。那么，金融行业如何从微信中发掘商机呢？接下来，笔者就和大家分享一些实战经验。

1.借助微信平台优化基本服务

以银行为例，我们可以将账单查询、转账汇款、理财产品推荐、生活缴费等基本服务搬到微信平台上，这样可以省去客户跑营业厅的麻烦，充分利用时间碎片来提高银行的工作效率，从而增加盈利。

2.与其他行业合作，打造便民优惠服务

在日常生活中，我们有时会看到“刷 ××× 银行信用卡，看电影享半价优惠”的信息，这就是银行与其他行业展开商业合作，为客户提供便民优惠的服务。这一方法非常适合银行信用卡推广，既可以增加客户量，还能够提高银行知名度。

3.开展创意金融活动

例如招商银行的“爱心漂流瓶”就是一个不错的微信活动示范，其“小积分，微慈善”活动不仅服务了社会，而且还为自身赢得了良好的口碑。金融行业可以根据自身需要，结合时下热点开展一些创意活动，这样能够调动客户的积极性，有效拓展粉丝圈。

【成功范本】

广发基金

广发基金是国内一家知名的基金公司，在2014年2月，它结合时下流行的“红包”热潮，在微信公众平台上推出了“抢红包”活动。用户只要在2014年2月19日之前关注其公众账号，并在规定的时间内向其公众账号发送关键字“广发红包”，就有机会赢得数额不等的“红包”。通过这一活动，广发基金既赢得了人气，同时也赢得了好口碑。

【立体剖析】

与时下热点话题相结合，打造人们喜闻乐见的营销活动，这种营销方式值得其他金融行业学习与借鉴。当然，大家还要注意一点：做好后台客服管理，这样才能保证营销活动有条不紊地展开。

5.4 医疗行业如何进行微信营销

健康一直是人们广为关注的热点话题，因此医疗行业的重要性不言而喻。近些年来，大大小小的医院、医疗机构等逐渐兴起，这在一定程度上增加了医疗行业间的竞争压力，于是不少人开始加入微信营销的大军。那么，医疗行业能从微信中提升自己的竞争力吗？具体应该怎么做呢？笔者建议大家，可以从以下几个方面入手。

1.先赢得局域内用户的关注

众所周知，医疗行业重在服务，若是能够将自己所在区域内的人群发展为忠实客户，那么这将为我们带来稳定的客户基础。因此，在刚开始做微信营销的时候，大家可以借助地理优势，向周围的人推广自己的微信公众账号，广泛搜集当地民众的需求，为他们提供便利的服务，以赢得这些人的信任。

2.提供完善的服务措施

预约挂号、查询化验单、专家在线咨询、医院基本信息介绍等，这些都是大众颇为关注的点，在做微信营销的时候，我们可以将这些基本服务设置成关键词导航或自定义菜单，这样既节省客户时间，又能提高医院工作效率，有助于增加利润收入。

3.建立明晰的客户管理系统

一方面，我们可以借助微信后台数据统计将客户归类管理；另一方面，针对每一位客户，我们要做好详细的私人档案记录。一般来说，医疗行业的客户大多是患者，因此做好患者一对一服务有助于提升医院的信誉度，对医院今后的发展具有促进作用。

【成功范本】

佳美口腔

从名字就可以看出，佳美口腔是一家口腔医疗机构，它的微信公众账号定位十分鲜明，就是以服务客户为主。用户关注其公众账号后，不仅能够实现专家挂号、医师预约、在线咨询等服务，还可以参与优惠活动、接受专家访谈等。这些便民服务有效拉近了佳美口腔与客户之间的距离，并为其带来了良好的口碑。

【立体剖析】

鲜明的定位、便捷的服务、有效的互动等都是佳美口腔成功营销的要素，对于中小型的医疗机构来说，这些都是值得借鉴的地方。此外，笔者建议大家，如果是连锁性的医疗机构，大家不妨增加一个最近门店推荐或门店路线导航，这样可以增加自身曝光率，而且方便客户到实体店消费体验。

5.5 教育行业如何进行微信营销

教育行业可以说是一个灵活度非常大的行业。它涉及的面比较广，而且种类繁多，既有针对孩子开设的小学、初中、高中等教育机构，又有针对成年人开设的特色学习班，还有针对公司、企业等组织设置的培训机构，等等。因此，在开展微信营销时，不同类型的教育行业要根据自身特色选择合适的营销道路。在这里，笔者要提醒大家注意以下几个方面。

1.明确定位

不同类型的教育机构面对的受众往往有所不同，因此，微信营销第一步就是要明确自身定位，锁定目标人群，有目的地制定微信推广计划。

2.提供有价值的信息

对教育行业来说，信息是一个至关重要的方面。它是人们了解、认识某个机构的着手点，是吸引受众关注的重要因素。因此，在微信营销中，大家一定要向用户推送有价值的信息。例如本机构专注于哪方面的教育、取得过什么卓越成绩、有哪些雄厚的师资、最新的教育动态等，这些都是吸引受众关注的关键点。

3.注重口碑营销

在微信平台上推送有价值的信息、在线下派送印有二维码的宣传单、将现有学员发展为第一批微信客户等，这些都是树立口碑的有效途径。一般来说，完善现有用户的服务体验，能够提升老客户的忠诚度，并激发老客户“自主分享”的积极性。

【成功范本】

华图教育

华图教育是一家集面授培训、图书策划、网络教学等项目于一体的教育机构，为了更好地服务广大考生，华图教育开通了微信公众账号。用户只要关注其账号，就可以获知最新的国考资讯，还可以在微信上与华图教育进行一对一互动，解决考试疑问。此外，华图教育还为用户提供备考方式、备考资料、公益讲座，为用户提供全方位的教育服务。这些贴心的服务为华图教育吸引了一大批忠实用户，同时也为其树立了良好的口碑，为其今后的发展奠定了坚实的基础。

【立体剖析】

明确的定位、符合用户需求的信息推广、注重培养用户的忠诚度等都是华图教育微信营销的亮点。其他教育行业在借鉴其营销方式的时候要注意，从用户心理需求出发，打造能够满足用户需求的产品与服务，这样更容易赢得用户信赖，有助于树立良好的口碑。

5.6 旅游行业如何进行微信营销

近些年来，旅游一直是比较热门的话题，在大众需求的推动下，旅游行业的发展越发蓬勃。旅游网站、旅行社等一系列旅游产业也如雨后春笋般出现，这就在无形中加大了同行之间的竞争。我们都知道，面对同样的客户市场，谁最先抢到庞大的客源，谁就能实现盈利。因此，抓住微信这一新兴的营销机遇对旅游行业未来的发展具有重要影响。那么，具体应该怎么做呢？大家不妨从以下这些方面入手。

1.及时更新旅游资讯

旅游是一个与时俱进的行业。若想有效吸引用户关注，我们就要向用户推送最新、最热门的资讯。这需要大家随时关注旅游动态，及时更新相关资讯。

2.丰富客户体验

节省客户的时间，往往代表着提高营销者的收益效率。因此，在微信上为用户提供景点门票预订、景点周边食宿详情、机票预订等多项便捷服务，能够有效丰富客户体验，让客户对公众账号产生依赖感，从而为商家带来更多的订单。

3.灵活运用多种推广方式

微信中的“摇一摇”“二维码”“漂流瓶”“附近的人”等多种功能都是推广旅游账号的有效途径；此外，我们还可以在微信平台中设置旅游官网链接，将线上活动与线下互动结合起来，充分调动客户的参与积极性。这些都能够起到微信营销的目的。

【成功范本】

去哪儿网

去哪儿网是国内知名的旅游搜索引擎。它十分重视客户服务，在微信上开通了独具特色的“呼叫中心”微信服务。以前，用户通常先和亲朋好友展开讨论，之后再决定购买哪一款旅游产品；而现在，用户只要关注去哪儿网微信公众账号，就能够享受“一扫分享”、“优惠券云卡包”等便捷服务，不仅节省了时间，而且还节省了资金。为了进一步提升用户体验，去哪儿网还为不同的用户定制了多维度标签，例如所在城市、性别、年龄、兴趣爱好等，并根据不同的标签向用户推送相关旅游产品，有效实现了产品精准投放。这些便捷服务赢得了广大用户的认可，为去哪儿网积累了一大批忠实粉丝，其微信粉丝活跃度高达70%。

【立体剖析】

独特的微信服务模式、实惠便捷的产品服务、有针对性的客户管理，这些都是值得其他同行学习的地方。旅游行业的竞争是激烈的，若想从众多竞争对手中脱颖而出，做好客户服务是必不可少的条件，只要赢得了用户口碑，那么树立良好的品牌形象并不是难事。

5.7 汽车行业如何进行微信营销

随着生活水平不断提高，私家汽车逐渐成为人们日常出行的交通工具。与此同时，越来越多的汽车行业也应运而生，例如汽车销售、美容、修理等。在这些行业中，既有以单一服务为主的小型汽车行，又有囊括多种业务的大型4S店，商家若是想从众多竞争者的包围中胜出，就要选择适合自身发展的营销方式。微信营销虽然是当下广受追捧的营销方式，但是如果运用不合理的话，商家也很难从中收获切实利益。因此，在开展微信营销时，大家还应结合自身实际情况。在这里，笔者为大家推荐一些实用的方法。

1.了解客户需求

对于广大车主来说，爱车的保养、年检、保险等都是比较花费精力的事情，鉴于此，商家可以打造一个便捷的微信服务菜单，让客户在微信上就能够查询相关信息、预约服务。此外，如果有条件的话，商家还可以提供微信24小时在线服务，当客户遇到突发事件时，就算是凌晨也能得到及时帮助。这些都是有实际意义的服务，有助于提升客户的信任感。

2.创造销售机会

以 4S 店经营为例，要想创造销售的机会，商家就要想办法将客户吸引到店内消费。大家可以将 4S 店内的全景拍摄下来，发送到微信公众平台上，让客户能够第一时间了解店内情况，看到特色车展。为了方便客户到店体验，我们还可以提供各个分店的导航地图，并附上店内联系方式或相关负责人的联系方式。

3.做好企业宣传

公司简介、品牌文化、汽车市场最新动态等都是企业宣传的主要内容，做好这些信息方面的服务可以培养客户的忠诚度，有助于企业长远发展。

【成功范本】

上海大众汽车

在国内汽车行业中，上海大众汽车称得上小有名气。在它的微信公众账号上，用户不仅能够获取最新的汽车产品资讯，还可以全方位饱览汽车美图，详细了解汽车的性能。为了进一步提升客户体验，上海大众汽车的微信公众账号还设有预约试驾服务，刺激用户到店消费。这些便捷、有价值的服务既增加了现有客户的活跃度，同时也为上海大众汽车带来了丰富的新客源，有效扩大了其品牌影响力。

【立体剖析】

动态信息推广、预约试驾服务都是汽车行业开展微信营销的好方法，前者属于文化推广，后者则为锦上添花，让用户能够得到切实的好处。在汽车行业中，大家一定要重视信息与服务的结合，许多同行之所以难以取得营销成绩，一个主要原因就是忽略了服务体验。

5.8 航空行业如何进行微信营销

在航空领域，有一种最能体现营销目的的物品，它就是机票。随着电子商务越来越发达，许多航空公司瞅准了线上营销，大力开展网上机票销售业务。有业内人士称：在智能手机日渐普遍的今天，移动电子商务平台将为航空公司带来新的销售前景，而微信营销就是绝佳的选择之一。那么，航空公司如何开展微信营销呢？大家可以从以下这些方面入手。

1.为客户提供有价值的服务

“有价值的服务”也就是能够满足客户需求的服务，乘坐飞机，客户最关心的问题无非就是航班查询、机票价格、办理登记牌、选座等，航空公司只要在微信公众平台上做好这些服务，将会为客户节省许多时间、减少许多麻烦，也就更容易提升客户的忠诚度了。

2.开展机票促销活动

旅游旺季、特殊节假日等时间段都是开展机票促销活动的好时机，正所谓“薄利多销”。这种方法可以快速吸引客户，有效增加航空公司订单量。

【成功范本】

春秋航空

春秋航空是国内比较知名的航空公司，它在微信公众平台上推出机票预订、航班动态、客户服务等功能，客户只要关注其微信公众账号，就可以了解最新航班资讯、目的地天气状况、购买机票等；如果有特殊疑问，还可以在线咨询人工客服。为了回馈客户，春秋航空还在微信平台上开展限量机票零元秒杀活动，活动范围覆盖国内50余条重要航线，有效地吸引了一大批新老客户关注。这些便捷的服务和创意活动为春秋航空开通了一条新的营销渠道，为其奠定了坚实的客户基础；同时也大大缓解了航空公司地面柜台的服务压力。

【立体剖析】

满足客户所需、开展优惠活动，这些都是值得同行学习与借鉴的地方。在这里，笔者要提醒大家：航空公司开展微信营销要注重为客户提供有价值的信息，而非单纯地吸引眼球，这样才有机会实现营销目的。

5.9 美容行业如何进行微信营销

美容院、美发沙龙、化妆品网站、养生会所等都是日常生活中比较常见的美容行业，尽管它涵盖的消费群体有一定的局限性（主要以女性为主），但若是能够充分利用微信营销这一新兴的营销模式，我们大可以期待它的美好“钱”景。美容行业在进行微信营销时可以从这些方面入手。

1.产品定位

不同的美容产品、美容机构面对的消费群体也会有所不同，因此，在开展微信营销之前，我们首先要做好产品定位，有针对性地吸收目标客户群。在这里，大家要做好客户管理，根据客户的年龄、性别、职业、需求等特点分别建档，做好详细的客户记录。

2.地区营销

美容行业是一种比较贴近社区生活的行业，我们可以借助地理位置优势，将周边的人群发展为目标客户。我们可以借助宣传单、易拉宝等推广二维码，并用微信会员、打折优惠等措施吸引人们进店参观、消费等。做好小范围的地区营销后，商家可以根据自身的实际情况扩大营销范围。

3.双线并重

将微信活动与实体店活动结合在一起，将线上用户转化为线下客户，从而增加实体店消费群。此外，我们还可以借助官方网站、微博等互联网渠道开展营销活动，将线上网友引到线下，这样也可以实现增加消费人群的目的。

【成功范本】

欧莱雅集团小美盒

欧莱雅集团小美盒是欧莱雅集团旗下的一个微信服务号，其产品以“私人定制”为特色，注重品牌形象与客户体验。在微信公众平台，欧莱雅集团小美盒推出限量产品、当月订购等营销模式，还专门为男士准备了“男士小美盒”，这些服务大大提升了用户对欧莱雅品牌的认同感。此外，欧莱雅集团小美盒还在微信公众平台上打造了强大的CRM系统数据库，将原有客户发展为微信客户，开通了一条更为便捷的营销渠道。在微信公众平台上，用户可以直接选购商品、在线下单，快速完成网上支付。这种便捷的服务模式既节省了用户时间，也为欧莱雅自身带来了良好的效益。

【立体剖析】

从案例中我们不难看出，欧莱雅集团小美盒的产品定位十分鲜明，这为它带来了精准的客户群，并且有效提升了品牌形象。此外，CRM客户管理、O2O闭环营销模式也是其微信营销的亮点，值得其他同行借鉴。

5.10 服装行业如何进行微信营销

市场变化快、产品类型多样、季节性鲜明、受众广泛等是服装行业常见的特点，在开展微信营销的时候，服装行业不仅要做到与时俱进，还需要具备敏锐的市场洞察力，这样才能保证自身稳步发展。笔者既接触过许多中小型服装行业，也为某些大品牌做过营销策划，尽管这些商家规模不同，但是它们都有一个共同的需求：扩大品牌知名度、壮大客户群。具体说来，服装行业可以这样来进行微信营销。

1.明确品牌定位

服装行业是一个庞杂的大圈子，品牌档次高低各有不同。因此，在进行微信营销之前，商家首先要明确品牌定位，选择恰当的消费群体，然后根据目标客户分布情况选择合适的地理位置。如果是电商，则要根据品牌定位来选择恰当的网络平台。

2.推广微信会员

商家可以在二维码中植入微信会员制度，并设置相应的优惠政策，同时借助网络平台或实体媒介推广二维码，从而增加微信关注度，打响品牌知名度。

3.打造精彩资讯

服装行业是一个活力十足的销售领域，商家应该定期发布一些新鲜、创意的时尚资讯，并将这些资讯与自己的产品结合起来，这样有助于吸引目标群体。

【成功范本】

老人头服饰

在开展微信营销的时候，老人头服饰首先进行了精准的品牌定位，将目标消费群定位于大中型城市。这些消费群体追求服装品质与价值，并且对产品的真伪十分敏感，鉴于此，老人头服饰在微信二维码中加入了智能防伪标签，这一举措不仅遏止了假冒产品的发展，同时也提高了消费者对企业品牌的信赖与关注。不仅如此，老人头服饰还在全国范围内加大品牌投放力度，为客户提供种类丰富的产品，进一步提高了微信营销的成功率。

【立体剖析】

精准定位+防伪二维码，老人头服饰这些举措都是值得同行学习与借鉴的地方。从这一案例中大家应该明白这样一件事：创意不仅体现在产品设计、营销活动等方面，还可以用在二维码中。无论对哪一行业来说，独创性永远都是一个有效的营销方式，而且经久不衰。

5.11 家装行业如何进行微信营销

近些年来，随着人们对生活品质的追求不断提高，家居装修逐渐成为一种越来越热门的行业。为了提高竞争力，许多家装行业瞅准了微信营销，然而真正成功的品牌寥寥无几。笔者曾为一些家装行业做过策划，并从中发现了该行业固有的一些弊病，例如，许多商家只是跟风做微信营销，自身并没有明确的营销目的；一些家装公众账号只是向用户推送一些转载的美图信息，并没有实质性的服务；还有极少数企业虽然开通了“服务号”，但是缺乏技术指导，没有开发独具特色的服务模式，等等。那么，家装行业究竟如何进行微信营销呢？在这里，笔者就为大家介绍一些实用的营销经验。

1.提升服务功能

无论做“订阅号”还是“服务号”，商家都要以服务为主，可以设置关键词导航服务、自定义菜单、设计师在线咨询等功能，帮助用户解决家装方面的大小问题。至于图片信息，公众账号既要保证资讯新鲜，还要注意原创性，同时避免频繁推送。

2.注重社区推广

将社区作为主要的推广对象，有助于家装行业锁定目标客户群。许多家庭有这样的习惯：在装修自己家之前先参观邻居家的装修成果。如果遇到自己喜欢的风格，就会选择和邻居一样的装修公司，这就在无形中为商家创造了商机。因此，商家不妨以某个社区为主，在该社区中推广自己的二维码、做一些问卷调查，为目标客户提供满意的服务，这样可以奠定坚实的客户基础，有助于今后的发展。

3.开展创意活动

家居装修属于厚积薄发的行业，在微信营销前期，商家需要做足各方面的准备工作，开展创意活动就是其中之一。商家可以组织有奖互动、团购会、摇大奖等活动，鼓励人们积极参与，并从中发掘新客户。

【成功范本】

元洲装饰

在微信营销兴起的时候，元洲装饰也加入了这只新兴的大军中。在十几年的发展过程中，元洲装饰本身已经积累了一批稳定的客户群，为了进一步扩大营销规模，它在2013年4月举办了一场别开生面的营销活动——“总裁微信签售”。在活动当天，用户只要关注元洲装饰的微信公众账号，就可以得到一份小礼品，还有机会参与免费抽奖。如果在现场签下订单，用户可以通过微信关键词获得一张由元洲装饰总裁亲自签名的“电子签售卡”，凭卡消费时，用户可以享受专属优惠。这一活动不仅为元洲装饰带来了丰厚的订单，同时也使其品牌形象更加深入人心。

【立体剖析】

固有的基础客户、充满诱惑力的创意活动，这些都是元洲装饰微信营销成功的必要因素。从这个案例中我们不难看出，稳定的客户群对家装行业的发展起着重要的作用，因此，在开展微信营销时，大家一定要注重培养忠实客户群，尤其是在营销前期，为客户提供优质服务十分必要。

5.12 电商行业如何进行微信营销

在互联网日益发达的今天，电子商务早已成为一类司空见惯的销售行业。像天猫商城、美丽说、蘑菇街、聚美优品等都是国内知名的电商，除此之外，一些企业、品牌也设有专属网站。作为一种与网络联系紧密的行业，电商自然不会错过微信这一潜力无穷的营销方式。那么，具体应该怎么做呢？接下来，笔者就为大家介绍一些行之有效的微信营销方法。

1.打造特色平台

电子商务的崛起速度是非常快的，要想从众多同行中崛起，电商就要善于做自己的特色。例如天猫商城以“喵星人”为品牌形象，聚美优品的广告宣传带有鲜明的励志色彩，等等。无论是广告还是品牌形象，只要有特色，就容易被人们记住。这是吸引受众的一大要素。

2.借助第三方实现闭环营销

众所周知，支付流程越顺畅，订单的成交率就越高。因此，实现微信闭环营销十分必要。商家可以将网站接入二维码中，让用户在微信上即可在线选购商品，然后借助第三方应用实现微信支付。

3.开展多元化销售

在微信营销过程中，商家还可以通过微博、手机移动客户端等助力微信。此外，在线上开展创意活动也是推动营销的好方法。这些多元化的销售模式有助于增加粉丝数量。

4.开展互补式营销

微商依托于微信平台，其特点是可以实现随时随地的互动交流，容易与客户建立较为牢靠的朋友关系，投入成本较低；传统电商则依托于 PC 端平台，页面容量大，在数据收集和运算速度上具有较大优势。

根据上述描述能够看出：微商可以依靠其社交优势，在移动端充当引流渠道，将流量引入 PC 端；而传统电商则可以借助其容量大、综合性强的优点，做销售平台，容纳和消化微商带来的流量，从而创造最大化的收益。这种情况对微商和传统电商都有好处，能够利用双方的不同优势，达到功能性互补的效果。

【成功范本】

凡客诚品

凡客诚品是国内一家知名的网上商城，在进行微信营销的时候，它十分注重提升客户价值。它灵活运用图文编排和语音功能，为用户打造精彩的品牌信息，并通过“漂流瓶”开展广撒网的推广方式，让品牌形象更加深入人心。为了进一步提高用户体验，它还在微信公众平台上设置了关键词自动回复功能，为客户提供购物、查物流、退换货、到货通知、商品问答等一系列便捷服务。除了用微信进行营销外，凡客诚品还借助微博平台来扩大微信的影响力，例如将微信二维码做微博头像。此外，它还实行多账号运营，每一个账号都拥有一定的粉丝群。

【立体剖析】

充分利用微信自身携带的各项功能、打造有价值的服务、微博助力微信、多账号运营等，这些都是凡客诚品微信营销中的亮点，值得同行学习与借鉴。在这里，笔者要提醒大家，电子商务是一个发展快速且竞争激烈的行业，大家若想在这一行业中站稳脚跟，做好客户服务是必不可少的条件。

5.13 房产行业如何进行微信营销

笔者接触过不少房地产商，他们中的许多人都对微信表示出了极大兴趣，而且也开通了自己的微信公众账号，但是真正实践成功的人却很少。笔者认真分析后发现，这些房地产公众账号之所以难以取得成绩，主要是因为没有抓住人心。在这里，笔者就为大家提供一些真正有价值的微信营销技巧。

1.主推有价值的信息

日常信息推送是微信公众账号最基本的服务，因此我们要站在客户的角度思考问题，向客户推送他们关注的方面。例如楼房户型、楼盘走势、室内设计、楼盘周边配套等。

2.搭建便捷的服务

微信公众平台的服务越完善，通常越吸引客户关注。鉴于此，我们要根据客户需要不断提升服务品质。一般来说，快捷、简单的服务更能得到客户青睐。我们可以在微信公众平台上设置户型查看、预约看房、房贷计算、联系方式等功能，同时鼓励客户留言、评论等，这样可以提升客户的活跃性。

3.实现落地营销

在开展线上营销的同时，展开线下活动。我们可以策划抽奖互动、团购等活动，然后在线下通过易拉宝、海报、DM宣传单等加大二维码推广力度，并在现场开展扫码优惠、抽奖等活动。这样更容易实现利润转化。

【成功范本】

富力盈通大厦

富力盈通大厦是广州富力地产旗下的一座写字楼楼盘，它将自己的微信二维码做成高达6层的巨幅海报，率先开创了“国内最大写字楼二维码”，成功吸引了许多微信用户关注。用户只要扫描其二维码，就可以享受购房优惠。为了进一步提升微信影响力，富力盈通大厦还在微信上开通了一对一的客户服务模式，用户只要在微信上就能够了解楼盘项目信息，例如写字楼户型、价格、车位、交通环境等。通过微信营销，富力盈通大厦在短短一个多月时间内，就成功吸引了500多位潜在客户。

【立体剖析】

别出心裁的二维码推广模式、优惠措施、一对一客户服务，这些都是值得其他房地产借鉴的地方。现在，开展微信营销的房地产越来越多，注重创新与客户体验是提高自身竞争力不可忽略的方面。

5.14 零售行业如何进行微信营销

在人们的日常生活中，零售业是一种十分普遍的行业。在微信火起来的时候，许多商场、超市、店铺等纷纷试水微信，这也让我们看到微信中潜藏的巨大商机。其实，零售行业涉足微信营销是很自然的事，它与当今流行的“微生活”相得益彰，同时也是提高自身竞争力的举措。那么，零售行业如何开展微信营销呢？下面，笔者就为大家介绍一些实用性的方法。

1.生活资讯日常化

以超市为例，我们可以向客户推送超市最新的促销信息、选购食材的方法、烹饪技巧等，这些都是与人们生活息息相关的内容，既体现出超市浓郁的生活气息，又容易吸引客户关注。

2.营销活动平民化

许多超市都建在社区附近，在开展营销活动时，我们可以以社区生活为主题，打造平民化的营销活动，例如社区篮球赛、消夏晚会、啤酒节等。如果是大型的超市，可以开展相亲活动或邀请明星助威等，这些都是接地气的营销活动，更容易提升商家的人气。

3.客户服务简洁化

我们可以借助微信固有的功能，设置便捷的导航服务，还可以通过后台开发模式，将官网与微信结合在一起，为用户提供商品预订、积分查询、分店地图等服务。这些服务流程越简洁、完善，客户的忠诚度往往越高。

【成功范本】

天虹“微喔”便利店

“微喔”是传统零售商天虹商城旗下的便利店，它以社区居民生活为基本定位，不仅为大众提供便利的线下购物环境，而且还开通了便捷的线上购物。“微喔”便利店内有免费的Wifi，并开设了微信机、IPAD体验区，顾客在店内购物时能够充分享受便利店的互联网化。顾客在“微喔”微信平台上可以与天虹微信、网上天虹等功能相通。此外，“微喔”除了支持现金支付、银行卡支付等，还支持微信支付，这种互联网消费模式符合当下人的消费需求，为“微喔”吸引了不少忠实用户，并逐步树立起良好的品牌形象。

【立体剖析】

准确的产品定位、便捷的服务、顺应潮流的消费模式等都是“微喔”便利店微信营销的亮点。随着互联网科技的日益壮大，零售行业应与时俱进，打造多种便捷的服务模式，这样更有利于满足客户需求，从而扩大营销渠道。

5.15 食品行业如何进行微信营销

有人说，微信营销的兴起对一些传统行业来说既是一种冲击，又是一种机遇。其实，我们完全可以说，微信营销对传统行业来说就是一次难得的发展机遇。以最常见的食品行业为例，如果能够灵活使用微信，那么其营销“钱”景是非常广阔的。具体来说，食品行业应该如何进行微信营销呢？下面，笔者就和大家一起畅谈一下。

1.从小圈子做起

在刚开始做微信营销的时候，大家可以从朋友圈入手，将小圈子里的熟人发展为客户，然后借助熟人的力量进一步扩大推广。需要注意的是，这些食品一定要是朋友们感兴趣的，而且一天发送一次产品信息即可，不要频繁刷新朋友圈，以免引起大家反感。

2.及时与客户沟通

我们既可以在微信平台上设置关键词自动回复，也可以使用语音功能，和客户进行一对一互动，这样能够拉近与客户的距离。

3.打造贴心的服务

例如微信订购、送货上门、货到付款等，这些服务在为用户提供方便的同时，还有助于培养用户的信任感。

【成功范本】

“农味网”卖鸡蛋

2011年，张志文创立了“农味网”购物网站，这是一家以销售土特产品为主的电子商务平台。在2011年10月，他利用现有资源在“农味网”上销售土鸡蛋，并借助微信平台，打开了一条新颖的销售渠道。张志文十分重视与客户沟通，为了能够及时回复客户信息，他经常将手机带在身边，通过文字或语音和客户交流，并且支持客户语音下单。为了更好地服务用户，他还实行送货上门、货到付款等服务，有时还会与客户面对面交流。此外，在销售鸡蛋的过程中，张志文还尽可能地采取一切措施降低鸡蛋破损的风险。这些贴心的服务为他的鸡蛋销售带来了良好的口碑，在本地打响了名号，同时也为他带来了丰厚的订单。

【立体剖析】

客户沟通、便捷的服务、地域营销，这些都是“农味网”鸡蛋销售进行微信营销时的亮点。在这里，笔者要提醒大家：在销售食品时要结合食品类型、保质期等特点制定合理的营销方案，以保证食品质量。

5.16 健身行业如何进行微信营销

健身行业属于朝阳产业，它不像传统行业那样普遍，销售情况通常会受到地域、观念等因素的制约。一般来说，健身行业在一些大中型城市中发展较好，而且消费者以高收入、思想新潮等人群为主。此外，健身行业的经营往往还会受到淡季、旺季的影响。在一段时间内，健身行业并不能完全摆脱这种困局，不过，只要善于灵活运用多种营销方式，那么健身行业还是会得到长足发展的。在这里，笔者就为大家介绍一些适用于健身行业的微信营销方式。

1.利用人海战术推广微信

一般来说，健身房多位于人群较为密集的地方，因此，可以借助地理优势，通过宣传单、易拉宝、店面展示等多种方式曝光二维码，将健身卡融入二维码中，从而令更多人关注健身房的微信公众账号。

2.建立个性化的客户服务

健身房可以根据不同的客户设置不同的会员制度，例如将微信会员卡分级管理，由银卡开始，根据消费情况逐步升级为金卡、钻石卡等。面对工薪阶层，可以推出不定期的促销活动，而针对高级会员，则可以制定较为高端的私人健身服务。这种灵活的个性化服务既有助于吸收更多普通消费者的关注，还能够稳定固有的客户群。

3.精心打造微信公众平台

健身房每天都要为客户提供健身方面的资讯、健康的饮食菜单，同时还可以针对不同类型的用户提供相应的健身计划。另外，健身房还可以在微信公众平台上开设客户小秘书，为客户提供更贴心的人工服务，全面提升客户体验。

4.借助名人效应提高人气

如果商家有条件的话，可以聘请知名的健身教练坐镇健身房，或者请明星代言，然后通过微信广泛传播信息，这样能够起到快速“吸粉”的作用，有助于提升健身房的知名度。

【成功范本】

山东银座健身俱乐部

山东银座健身俱乐部是一家大型全国连锁机构，定位于专业健身和美容，是全国首家开通App+Wap微信3G首页的健身行业。在其微信页面上，用户不仅能清晰地看到门店介绍、健身公告、课表查询等多种信息，还可以直接在微信上注册会员、与客服进行互动留言。为了进一步提升客户忠诚度，山东银座俱乐部还不定期推出微信活动，如手机优惠券、幸运大转盘、微信免费观影等，在9周年店庆的微信活动中，它还设置了丰厚的大奖来回馈客户，吸引了不少用户关注，成功树立了良好的品牌形象。

【立体剖析】

独具特色的微信页面、功能齐全的服务、妙趣横生的微信活动，这些都是山东银座健身俱乐部的营销亮点，值得同行借鉴。由于健身行业本身存在的局限性，笔者建议大家走稳步发展的路线，以服务、诚信来逐步提升品牌影响力。不要急功近利、弄虚作假，以免产生适得其反的负面效应。

5.17 酒吧如何进行微信营销

在一些大中型城市，酒吧微信营销早已成为一种潮流。我们知道，微信具有送达精准、曝光率高、受众广泛等特点，这些特点正好与酒吧的特色相得益彰，经营者若是能够充分发掘微信的潜能，那么提升销售业绩并不是难事。下面，我们就来看看酒吧如何进行微信营销。

1.在微信二维码中做文章

酒吧在推广微信公众账号时可以开展“扫码优惠”活动，例如首次关注微信享受酒水半价、获取神秘礼品等。另外，在实体店面，酒吧还可以设置醒目的二维码展示，以吸引客户眼球。

2.设置多样的酒水产品

例如实惠的酒水套餐、精致的包厢套餐、高端的精品套餐等，通过微信平台将不同档次的酒水产品推送给客户，能够满足不同客户的需求，有助于客户自主选择。此外，当客户消费达到一定数额时，酒吧还可以免费赠送小吃，这样可以提升客户的满意度，有助于微信公众账号在朋友圈推广。

3.提升微信服务功能

酒吧可以自主开发微信功能，也可以借助第三方应用全面提升微信服务。例如，酒吧可以开通微信在线预约、微信支付、在线呼叫服务员、温馨提示、免费停车等功能，这样可以省去客户到收银台支付的麻烦，还能享受更便捷、到位的酒吧服务。总之，服务越便捷，越容易提高客户的忠诚度。

【成功范本】

长沙影子酒吧

在微信营销热潮日益高涨的今天，长沙影子酒吧也加入了微信营销的大军。它借助第三方应用，将微信公众平台打造成一个具有强大服务功能的互动平台。在长沙影子酒吧的微信公众平台上，用户可以了解酒吧最新资讯、实现在线预订、享受多种优惠，还能与客服展开一对一在线互动，并参与抽奖活动。这些丰富的栏目为长沙影子酒吧吸引了不少用户，有效提升了酒吧在本地的影响力。

【立体剖析】

从案例中我们不难看出，丰富的服务功能是长沙影子酒吧微信营销的亮点。同行在开展微信营销时可以借鉴其经验，自主开发微信公众平台或借助第三方来提升微信服务质量，这样可以有效提升微信平台的活跃度，有助于商家扩大知名度。

5.18 花店如何进行微信营销

花店是近些年来逐渐兴起的一种朝阳行业，尤其在一些繁华的大都市较为常见。有一次，笔者在路上遇到一个小丑装扮的人，从他递过来的名片上笔者了解到，原来是一家花店在做活动。后来，笔者又陆陆续续接触过一些花店，发现这一行业的竞争也是比较激烈的，不少花店都在通过各种营销方式来竞争生意，像笔者之前遇到过的小丑派送员就是一种创意营销。随着微信营销的兴起，花店自然不能错过这一便捷的营销模式，而且在短距离营销方面，微信是非常适用于花店的。在这里，笔者就为大家介绍一些经验之谈。

1.借助LBS定位功能推广微信

微信“附近的人”就是很好的推广平台。店家只要用手机登录微信账号，公开自己的地理位置，当其他人搜索“附近的人”时，就能够很快得到对方关注。需要注意的是，店家要精心打造自己的头像、名称和签名栏，特色越鲜明，越有助于推广。

2.打造特色、人性化的产品与服务

一般来说，花店主要业务就是鲜花销售。如果店家能够在基本业务之上打造特色产品，那么销售业绩往往会更好。例如，店家可以打造主题花店、经营特色鲜花等。另外，在微信公众平台上，店家可以开通微信支付、在线预订、送货上门等功能，并定期向用户推送有价值的信息，如鲜花搭配、鲜花保养、插花技巧等。

3.特殊节日与创意活动相结合

情人节、妇女节、母（父）亲节、圣诞节等多种节日都是鲜花销售的好日子，店家可以在这些特殊的节日里推出折扣优惠、买就送、创意派送等营销活动，将微信平台上的客户引到线下消费，这样有利于增加销售额。

【成功范本】

"永生花"微店

浙江某大学的在校学生蒋灵在微信平台上推出了自己的鲜花"微店"，与人们常见的花店略有不同，这家花店以"永生花"为主要销售产品。所谓"永生花"，是指一种经过特殊处理的生态花，不仅颜色种类丰富、用途广泛，而且保质期可达2年。"永生花"在微信上一经推出，很快得到了客户认可，除了本地人购买外，许多外地的客户也纷纷下单，这为蒋灵的花店带来了不小的收益。

在进行微信营销的时候，蒋灵还会精心挑选花材，并聘请专业的工艺师设计鲜花搭配，同时为客户提供便捷的微信预订、在线支付、送货上门等服务。这些细心的服务为其奠定了坚实的客户基础，使他的花店在微信朋友圈内广泛传播，从而吸引了更多人的关注。此外，蒋灵还巧妙地将花店运营与自己的服装网店结合起来，进一步拓宽了销售渠道。

【立体剖析】

特色鲜明的产品、贴心的客户服务等都是蒋灵微花店成功的主要因素，大家在经营花店时，可以借鉴其经验。需要注意的是，鲜花容易受到保质期的约束，所以在进行微信营销的时候要根据自身的产品来制订合理的销售计划，一般来说，保质期短的鲜花适合短距离营销，而一些特殊的花，如“永生花”、干花等可以考虑长距离营销。此外，大家也可以经营一些鲜花周边产品，如花器等。总之，无论经营什么产品，都要做好客户服务，这样才会留住老客户、吸引新客户。

5.19 政务领域如何进行微信营销

不得不说，微信的普及率和商业化进程远远超出我们的想象。不只是商家热捧微信，一些政务部门也对微信青睐有加，例如交警、检察院、旅游管理局等，此外，像《人民日报》这样的重量级新闻媒体也开设了微信公众账号。为什么政务领域会如此看重微信呢？这与微信的特色功能有着密不可分的关系。我们知道，微信具有很强的社会化传播功能，这既方便政务部门向公众传达政务信息，同时也加强了公众与政府之间的联系，有利于促进社会和谐发展。虽然同样是使用微信这一平台,但是政务领域的“营销”不同于商业营销,它是非营利性质的。那么，政务领域如何进行微信“营销”呢？下面，笔者就为大家详细解读一下。

1.风格严谨

对于政务领域来说，严谨、权威是最基本的风格，在这一基调上，政务部门可以设置灵活的互动版块，这样既能彰显其公信力，又不失人情味儿，有助于激发民众积极参与微信互动。

2.信息条理清晰

其实，政务领域开展微信营销并不难，其某些信息类型是固定的，比如社会要闻、国际要闻等，政务部门只要将各种信息整理好，适时推送给用户即可。需要注意的是，微信公众平台上的信息分类一定要清晰，这样才便于受众阅读。

3.提高服务质量

微信讲究的是互动，政务部门不应该将微信当做“摆设”，而应该提高与民众的互动性，可以将政务网站、热点等接入微信公众平台，还可以开通人工客服，或借助第三方应用打造留言板、政府窗口透明化等功能。这些方法可以让微信活起来，帮助政务部门真正实现“听民声、答民疑、解民忧”。

【成功范本】

南昌交警便民网

交警部门开通微信营销已经不是什么新鲜事，南昌交警便民网就是其中之一。在微信公众平台上，南昌交警便民网会向用户推送新鲜的交通资讯、护理爱车小技巧、温馨小提示等信息，还为用户提供城区临时泊位24小时实时查询、路况查询、交通违法查询等服务。用户只要关注其微信平台，就能够轻松掌握本地的交通状况。可以说，微信平台在公众与交警部门之间搭建起了一座良好的沟通桥梁，使交通的重要性进一步深入人心。

【立体剖析】

有价值的信息和便捷的服务是南昌交警便民网得到人们认可的主要因素，在开展微信“营销”时，其他政务部门可以从这两方面入手。在这里，笔者要提醒大家，地方政务部门要以地方服务为主，这样可以为人们提供更为切实的服务。

扫一扫
详细资料
南昌交警便民网
微信号:ncjjbmw
功能介绍 南昌交警官方微信
腾讯微博
来自腾讯微博认证资料：南昌市交通管理局官方微博
查看历史消息
接收消息
在我的名片里显示
微信（53）
南昌交警便民网
20:11
你好，欢迎关注南昌交警便民网微信公众平台。查看路况、了解交警动态、交通法规小知识，查询城域临时泊位（输入“泊位”关键字即可查询）和查询交通违法（输入“违章查询”或“wzcx”关键字，此功能3月25日正式开通）。如果您对交通现状和管理有什么意见或者建议，请您大声“喊”出来。路况查询时间：周一至周五早晚高峰（早高峰7:30-9:30；晚高峰16:60-18:20）及周六周
详细资料
查看历史消息
今天
交警夜间突击整治半小时查2起酒驾
请勤收拾后备箱
每日提醒
昨天

5.20 视频网站如何进行微信营销

随着互联网的不断壮大，各式各样的网站也层出不穷，视频网站就是其中一个发展较为迅速的分支。优酷、土豆、PPTV、爱奇艺、乐视等都是当下广为人们熟知的视频网站，除此之外，一些草根网站也发展得很快。在竞争日益激烈的当下，许多视频网站也纷纷加入到微信营销的队伍中。那么，这些网站如何通过微信来赚钱呢？下面，笔者就为大家介绍一些实用的经验技巧。

1.内容菜单明晰

网络最不缺的就是信息，视频网站要想做好内容营销，就要“抢新”、“创新”。在打造微信内容时，视频网站应全面掌握当下流行趋势，推送人们关注的热点影视资讯、做好原创。与此同时，视频网站还应根据不同的内容设置清晰明了的菜单，例如最热影视、经典回放等，以方便客户自主选择，为用户带来更好的“微视”体验。

2.语音、视频互动

在微信上与客户沟通，视频网站可以充分利用语音、视频等有趣且便捷的功能，例如，用户在微信上用文字或语音点播影视剧，视频网站就根据用户的需要推送相关视频，这样有助于培养用户的忠诚度。

3.整合App功能

许多视频网站都有自己的 App，如果我们能够将 App 上的常用功能整合到微信上，那么微信将会为我们带来一大批有价值的客户。

4.凸显视频的故事性特征

大众对于故事的兴趣远远大于说教，所以在我们制作视频时，无论长短，都要尽量讲述一个完整、有趣的故事，这样才能在最大程度上引发关注。

5.凸显视频的互动性特征

互动性是移动互联时代的重要特征，对于用户而言，只有充分满足其互动要求，提高参与感，才能引发他们的关注兴趣和传播的主动性。

【成功范本】

搜狐视频

搜狐视频微信公众账号设有简洁直观的内容菜单，如新鲜资讯、独家热播、综艺节目等，能够满足广大用户的不同需要。另外，它还向用户提供“走着瞧”、“躺着看”等新颖有趣的特色服务，并注重与用户展开互动，鼓励用户分享或提供精彩视频信息源。这些服务与互动方式有效地提升了用户活跃度，为搜狐视频培养了一大批忠实的客户群。

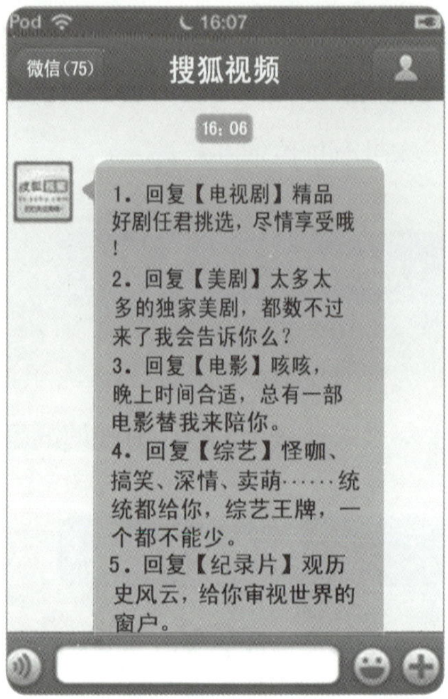

【立体剖析】

清晰的内容菜单、别致的特色服务、让用户主动参与的互动方式等都是搜狐视频微信营销的亮点，值得其他视频网站学习与借鉴。不得不说，在信息泛滥的科技时代，人们接收信息的速度与方式也变得越来越快，因此打造便捷的服务至关重要。

5.21 自媒体如何进行微信营销

在移动互联网时代，很多自媒体都在积极开展营销活动，以求推广和宣传自我，形成具有高度黏性和信任度的粉丝群，从而为之后的变现提供基础类支持。而微信拥有极为庞大的用户群，是一种十分重要的自媒体工具，如果运用得宜，将会带来很好的引流效果。下面，我们就来谈几种微信营销的具体方式。

1.文章技巧

我们发送的文章分为原创和转发两种，但是无论哪种，都要体现出对用户的价值。例如在转发文章时要凸显互动性特点，引发用户的评论兴趣，甚至可以自己首先进行评论，以此来激起用户的好奇心，吸引用户的关注目光。

2.文案细节

文案细节包括内容细节和标题两部分。其中标题最好足够显眼，例如通过专业性词汇、双关语、趣味语等引发关注。而内容上则要尽量避免长篇大论，最好是图文结合，配上具有欣赏价值的美图和风景图，从而使文案显得更为生动。

3.避免单一

朋友圈在运用时较为灵活，但是公众号则具有较大的主题限制，我们要尽量打破这种局限，避免出现内容单一化现象。例如，经营网站建设业务的奇亿网络，每天都谈网站建设的知识，就会显得很单一、很枯燥，假如将内容范围扩大到整个网络范畴，谈一些网络营销、网店装修等知识，就会给用户带来全新的体验，引发他们更大的关注兴趣。

4.懂得维护

无论是微信号或是公众号，都要懂得维护。如及时更新账号上的个性签名，对好友验证信息的添加，积极回复用户的提问等。这些做法可以加深用户对账号的正面印象，使用户觉得自己受到了运营者的重视，从而起到稳定用户的作用。

【成功范本】

杜蕾斯微信

杜蕾斯曾在微博上大展拳脚，建立了独树一帜的“杜杜”，后来随着微信的火爆，它又在微信平台上创建了杜杜小讲堂、一周问题集锦。接着，杜蕾斯为了更好的展开营销工作，在微信平台上推出了这样一条活动类信息：“杜杜已经在后台随机抽中了十位幸运儿，每人将获得新上市的魔法装一份。今晚十点之前，还会送出十份魔法装!如果你是杜杜的老朋友，请回复‘我要福利’，杜杜将会继续选出十位幸运儿，敬请期待明天的中奖名单!悄悄告诉你一声，假如世界末日没有到来，在临近圣诞和新年的时候，还会有更多的礼物等你来拿哦。”

这个信息一出，不过两个小时的时间，杜杜就在后台收到了数万条“我要福利”的信息，杜蕾斯不过以10盒套装的代价，就换来了几万粉丝的支持。

【立体剖析】

杜蕾斯将微信活动营销的特质展现得淋漓尽致，其中的关键点就在于文案中的免费字眼，这是一个极容易触发用户敏感神经的细节，可以激起用户贪小便宜和侥幸的心理，进而引发广泛关注。此外，杜蕾斯风趣幽默的语言风格也取得了很好的吸睛效果，从而使活动取得了成功。

Part 6

粉儿、金双丰收，必知的微信营销活动策划方案

细心的读者一定发现了，在前文中，笔者不断提到“营销活动”这个词。那么，在微信营销中，活动究竟起什么作用呢？俗话说：“好马配好鞍，好船配风帆。”活动对微信营销来说具有“如虎添翼”的重要意义，一个好的活动往往能够为商家带来名利双丰收——既能提高品牌知名度，又能创造可观的收益。因此，做好活动策划至关重要。在这一章中，笔者就为大家详细解读制定微信营销活动策划方案的技巧。

6.1 策划活动前需要做好哪些准备工作

在微信营销活动的整个环节中，准备工作往往是容易被大家忽略的方面。有些人认为：只要写一份策划方案，营销活动就可以展开了。其实，这只是完成了准备工作中的一小部分内容，而要想保证营销活动有条不紊地进行，我们还需要做足其他方面的准备。下面，笔者就为大家详细介绍一些主要的准备工作。

准备工作之一：方案

一般来说，方案主要包括点子、素材搜集、内容编排、流程设计、预期效果等内容。点子也就是活动主题，我们可以根据客户喜好、当下热点、产品特色等来确定主题，然后围绕主题来搜集相关素材。在编排内容时，可以结合图文、语音、视频等多种形式。编排好的信息是推送给微信用户的，因此大家要掌握好字数：标题最好不要超过 14 个字，概要控制在 50 字以内，正文则以 300 ~ 500 字为宜。

活动流程既是为了方便客户参与，同时也是为了让商家把握活动进度。因此，哪个环节做什么，大家都要做好规划。需要注意的是，环节不要太多、太复杂，活动门槛也要以目标受众为准。当整个方案制定完毕时，我们可以根据活动的规模、现有客户等因素综合分析活动预期效果，这相当于为此次活动制定一个营销目标，有助于提升活动效果。

准备工作之二：技术

开展营销活动必然离不开互动，大家可以通过微信公众平台的编辑模式设置关键词自动回复或人工回复，及时为客户解决常见问题、处理客户危机。面对客户的疑惑，我们可以针对客户常见问题提前设计好答案，这样可以节省一定的时间和精力处理个别问题。为了应对危机，我们可以在微信中设置专门接受客户反馈的版块，并提前安排好人工客服，通过一对一沟通来化解危机。此外，我们也可以通过微信开发模式来打造 24 小时在线客服，将微信数据、移动终端、线下 CRM 数据连成一体，随时随地为客户提供优质服务，以提升客户忠诚度。

除了互动外，我们还要打造完善的交易平台。在这里，大家既可以自主开发微信后台，也可以借助第三方应用实现闭环营销。

准备工作之三：资金与物质

开展微信营销互动，资金投入是必需的。无论是请营销专家策划活动，还是自主策划，微信活动通常都是需要资金支持的，因此我们应该提前准备好活动所需的资金。另外，活动涉及的礼品、奖品等物质也要提前准备好，如果是线下活动，还要根据需要准备宣传单、易拉宝、条幅、展台等各种硬件。

现在，市面上出现了一些可以快速“吸粉”的“神器”，例如 Wifi 智能路由器、Wifi 打印机等。相信不少人见过这种现象：一些大型商场为客户提供免费的网络，用户只要在商场特定的范围内活动，关注商场的微信公众账号或提供自己的手机号码，就可以轻松上网。这种“免费 Wi-fi”不仅为用户带来了方便，同时也为商家创造了良好的营销机会。用户在使用商家的 Wifi 时，可以浏览商家的广告，而且商家拥有了客户的微信号或电话号码，还可以随时对客户进行精准营销，有效提升自身的知名度。

如果商家经济实力雄厚，那么不妨在自己的范围内配备这些硬件设施，这样往往可以起到良好的营销效果。

准备工作之四：前期推广

前期推广也就是人们常说的活动“预热”。当活动方案敲定以后，我们就可以提前做宣传了，微信、微博、陌陌、QQ、官网、论坛等都是活动宣传的有利平台。如果有必要的话，买粉做线上宣传也是可以的。做好活动预热往往可以为商家攒足人气，有利于推进活动发展。

6.2 如何打造特色鲜明的营销活动

笔者为许多公司做过营销活动策划，几乎所有的客户都会提出这样的要求："我要做一个不同于 ××× 的活动。"大家之所以普遍追求"与众不同"，归根结底是为了取得良好的营销效果。那么，如何才能打造特色鲜明的营销活动呢？在这里，笔者就和大家分享一下经验之谈。

经验一：品牌定位

一般来说，品牌定位是最能体现一个公司或企业特色的地方，因此，在策划营销活动时，我们要树立自己的品牌，围绕品牌特色来打造活动主题，而不要盲目跟风其他人的活动。

经验二：活动形式新颖

微信营销活动的形式可谓五花八门，除了一些传统的文字游戏、数字抽奖、闯关游戏、看图猜猜等，现在还十分流行刮刮卡、大转盘、摇一摇、大屏幕等游戏，大家可以根据自身需要，选择大众喜爱的活动形式，也可以根据当下热点开创全新的模式。通常情况下，活动形式独特、好玩更容易吸引用户参与。

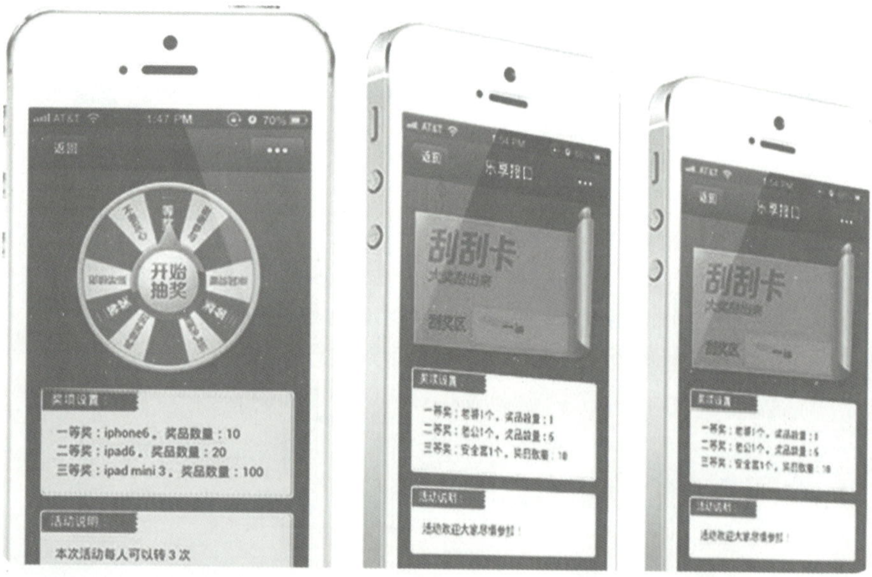

经验三：噱头十足

常言道："红花配绿叶。"为活动主题添一些"料"，有时可以起到锦上添花的作用。例如请明星助阵，设置独特醒目的标志模型，随即发放神秘惊喜等，这些方法都可以起到一定的"吸睛"作用。

6.3 以头像树立商家的良好形象

商家在微信平台上进行经营活动时，第一步就是确立自己的头像。这一步骤看似简单且容易被忽略，实际上却是很重要的。它决定了客户对商家产生的第一印象是好是坏，也决定了商家能否成功树立起自己的公众形象。正是基于微信头像对商家形象的重要性，商家在为自己确立头像的过程中，需要注意以下两点。

1. 真实性

很多商家都用花草树木、香车美女或是时尚图片作为自己的头像，认为这样做很潮、很吸引人。实际上这种做法会引发客户的厌恶感和不信任感，他们会认为一个连真实照片都不敢公布的人，所卖产品更不靠谱。

某商家将家里养的狗狗作为自己的微信头像，并常常为此自鸣得意。但他渐渐发现主动添加自己的微信好友很少；自己主动添加别人时，对方也总是拒绝。该商家对此感到很是疑惑，便去请教一个成功的微商前辈。前辈听完了他的讲述后，笑着说："如果你是客户，看见对方的头像是一条狗，你愿意搭理他吗？"商家摇头道："不愿意。"然后恍然大悟。是啊，自己的头像是一条狗，客户怎么会愿意搭理自己呢？

上述例子告诉我们，虚假的头像信息是无法吸引到客户的关注的。如果愿意，可以将自己的真实头像公布出来，或者也可以放自己产品的真实图片，这样才能使客户产生信任感和亲切感，更容易达成交易。

2. 良好包装

即使是商家的真实照片，如果表现出来的是一个邋里邋遢的个人形象，那也是无法起到良好的宣传效果的。商家若想塑造成功的个人形象，除了要使形象具备真实性，还要令其具备良好的包装性。良好的包装会使商家更容易形成明星气质和专家气质，从而赢得客户的广泛信赖。而良好包装的关键，便在于商家能否舍得对形象包装进行资金投入。

某商家在开始经营时，不太注意自己的个人形象，虽然设置了自己的真实照片作为头像，但还是无法起到好的效果，客户吸引度很低，粉丝的增长很缓慢，导致生意十分惨淡。后来该商家认识到自己的问题，花了一百多元设计发型，又花了一千多元，找专业人士为自己设计服饰搭配，拍形象照，并将精心处理过的形象照上传为自己的微信头像。仅仅在半年之后，该商家就收获到近五万的粉丝，营业额也大大增加。

上述例子中的商家就是以良好的个人形象，吸引到大量粉丝的关注，从而扭转了之前的不利局面。这个例子对现代商家的启示是：商家在为自己塑造形象时，需要舍得进行资金投入，进而创建自己的专业形象，达到最优化的形象宣传效果。

商家的成功形象是直击客户内心深处的引爆点，它会为商家带来大量的忠实客户。而每一次形象的提升，都是在创造更大的潜在价值和认同度，它早晚会为商家带来更多的财富。

6.4 有效开展“免费活动”的策略

虽说“天下没有白吃的午餐”，但是大众还是普遍存在一种“免费心理”。在进行微信营销活动时，我们就可以抓住人们的这种心理，从多角度来“吸粉”、“吸金”。一般来说，免费活动主要有下面几种形式。

1.真正免费送礼品

这种形式多用于商家鼓励人们关注自己的微信公众账号，向关注者赠送一些成本比较低的小礼品。笔者曾经见过一个房地产公司在商场举办的小型营销活动，人们只要在活动现场扫描该房地产的微信二维码，将其添加为关注，并将关注信息截屏分享到朋友圈，就可以获赠一瓶可口可乐。当时正值炎夏，人们在逛商场的时候很容易口渴，于是许多人排队参与该活动。暂且不说这里面有多少人真的对房地产感兴趣，至少该房地产成功吸引了一大批粉丝。这就是免费礼品的魅力，并且是满足大众需求、不收取一分钱的免费礼品。

2.通过消费获得免费礼品

这种形式的主要目的是鼓励人们消费。一般来说，商家会在活动前期推广时打出“免费”旗号，吸引受众参与，而后再向人们说明免费的条件。这种活动可能会使一部分人在中途丧失参与兴趣，但是可以激发一些人的消费欲望，有效实现盈利目的。需要注意的是，商家要根据参与人群的消费水平制定合理的消费门槛，如果门槛过高会让人望而却步。

3.免费参与活动

这种形式可以快速吸引受众关注，有助于商家发掘新客户，比较适合那些平时进门即收费的场合。在活动前期推广中，商家需要强调“免费入场”、“内有惊喜”等，这样可以调动人们的参与积极性。

4.会员免费体验

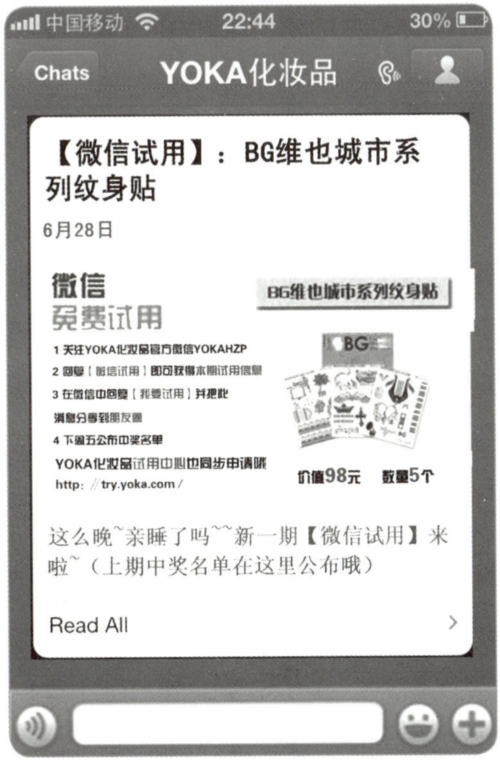

这种形式有助于商家巩固老客户关系，并借助老客户的力量来发展新客户，适合一些实行会员制度的商家，例如电商、商场等。商家可以定期推出免费试用产品，并鼓励会员及时反馈体验心得，将体验感受分享到微信朋友圈或其他社交平台，从而让更多人关注商家。

当然，除了上述几种形式外，商家也可以根据自身实际情况来设计免费活动。需要注意的是，免费的部分一定要有亮点、符合大众所需，这样才会产生应有的营销效果。

6.5 “摇转”大奖激发用户参与积极性

“摇一摇”、“大转盘”是当下比较火的微信营销活动，总体说来，这些活动操作简单、趣味性十足、互动性强，能够帮助商家快速“吸粉”、“吸金”。在这里，笔者就为大家分别介绍一下“摇一摇”、“大转盘”的开展方法。

“摇一摇”，摇出高人气

“摇一摇”活动特别适合现场营销，我们可以将这一活动与“大屏幕”结合起来，这样既能烘托现场气氛，还可以进一步提高人们的参与积极性。有些人可能对“大屏幕”不太了解，其实“大屏幕”就是人们常说的“微信墙”，是用来展示微信活动主题的一种社交应用，能够同步显示用户的参与情况，方便现场的观众迅速获取活动信息。

在开展微信“摇一摇”活动时，我们可以通过“大屏幕”实行滚动式播出，向人们展示活动进展，如果有用户摇出奖品，主持人则借助话筒、音箱等扩音设备进行现场播报，这样可以激发其他用户的参与积极性，同时增加活动的可信度。需要注意的是，如果是在户外开展微信“摇一摇”活动，我们要避免干扰周边居民的正常生活。

“摇一摇”活动的奖项设置比较灵活，例如随机摇、特定时间摇、按排名摇等，大家可以根据实际情况来设置。

“大转盘”，转出丰厚利润

“大转盘”活动既可以单独进行线上活动，也可以结合线下活动一起展开。如果是单独开展线上活动，商家要明确告知用户参与规则与抽奖时间，并在互动结束后在微信公众平台上公布获奖名单，同时与微信用户取得联系，处理好领奖事宜。如果活动时间比较长，参与人数众多，商家可以分批次公布获奖名单，如第一期、第二期等，这样能够刺激其他用户的眼球，激发更多人参与活动。

在开展线下活动时，商家同样可以将“大转盘”与“大屏幕”结合起来，在活动进行中用“大屏幕”同步显示转盘情况，一旦有人转出奖品，就及时播报，现场发放奖品。这种方式同样可以激发人们的积极性。

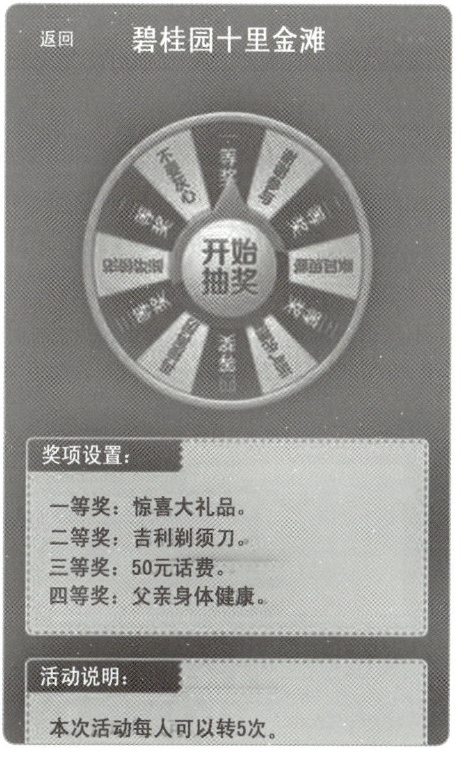

在开展“摇一摇”和“大转盘”活动时，我们既可以采取完全免费的参与形式，也可以制定有一定消费门槛的参与模式。需要注意的是，奖品设置要新颖且符合实际。如果资金雄厚，可以设置一些高级奖品，如电脑、汽车等，如果资金有限，不妨设置一些更具实用性、又符合大众所需的奖品，如电扇、厨具等。最好不要设置与营销活动、自身资金成本不相符的奖品，那样容易给大众带来故弄玄虚的印象，不利于活动开展。

有人可能会疑惑：“‘摇一摇’和‘大转盘’都是需要耗用流量的，如果用户没有流量或者不想使用自己的流量怎么办？这样岂不是失去了一批参与者？”要解决这个问题其实并不难，我们可以在活动现场专门设置一个Wi-Fi（无线宽带），只要用户在活动范围内，就可以免费连接网络参与活动。

6.6 创意游戏产生巨大吸引力

许多人喜欢玩游戏，如果我们将微信营销活动做成游戏或者在活动中加入游戏的话，那么营销活动将会更容易得到人们关注。在笔者接触过的客户中，有些人愿意按照大众方式来打造活动，有些人则喜欢开展与众不同的创意游戏，而且大部分事实证明，后者取得的营销效果更显著。所以，在开展微信活动时，大家最好不要盲目跟风。那么，在打造创意游戏的时候，我们应该从哪些方面入手呢？下面，笔者就为大家介绍一些经验技巧。

1.热点话题+大众需求

热点话题，顾名思义，就是广受人们关注的话题，若是在这种话题中再融入大众需求，那么它将不仅仅是吸引关注，同时还会调动人们的参与性。因此，我们在策划游戏时，不妨以热点话题为名，然后根据大众的需求来设计游戏内容和奖品。像某段时间微博上十分流行的“红包飞”活动就是一个不错的例子，我们在做微信营销活动时完全可以将其作为模板，打造一款微信抢红包的游戏。另外，天猫商城在2012年推出的“世界末日说”、小米手机的“微信高考游乐场”等都是借助热点话题展开的创意活动。

2.与其他品牌强强联手

这种合作既可以是同行业合作，也可以是跨界合作，如果活动做得好，往往可以产生“1+1>2”的营销效果。例如，2012 年 12 月，知名服装品牌优衣库与著名咖啡连锁公司星巴克就联手打造了一次创意营销活动，优衣库将没有穿外套的模特形象印在星巴克的杯子上，然后在咖啡杯外侧的纸圈上设计各种各样的服装，供顾客任意搭配。这样一来，顾客既享受了咖啡，又了解了优衣库的产品，可谓一举两得。

3.老游戏新玩法

一些经典的小游戏通常拥有广泛的群众基础，而且玩起来容易上手，我们为什么不能把它们搬到微信平台上来呢？只要换一下玩法，老游戏也可以成为创意十足的新游戏。例如天猫商城推出的“我画你猜”活动，现在比较流行的微信刮刮卡等，都是老游戏新玩法的例子。

4.充满创意的H5游戏

在微信平台得到广泛传播的 H5 游戏，集合了文字、图片、音乐、链接、视频等多种元素，表现形式灵活多样，创意感十足，具有很好的交互性功能，十分适合移动端的展示和分享。而且其成本低、开发周期短等优势，保证了较高的性价比，可以用在产品宣传、产品介绍、活动推广等诸多方面，是我们进行营销工作时的良好选择。例如，非比工坊制作的 H5 游戏“买买买”，观澜高尔夫推出的“慈善，接力”游戏等，都具有很好的创意性，激发了很多用户的关注目光，起到了不错的营销效果。

6.7 将节假日变成热门“营销日”

有这样一则电视广告：女主角走在街上，周围的店铺不断向她发出各种各样的优惠信息，可是女主角却不为所动，因为这些店铺打折的日期恰好在工作日内，女主角还要上班，根本无暇他顾。这就告诉我们：选择恰当的时机开展营销活动十分重要。在日常生活中，周一到周五是众所周知的工作日，在这段时期内，尽管街上也有不少人在活动，但许多人都是忙于工作的，因此在这段时期内做营销活动往往会出现“门可罗雀”的现象。那么，什么时候最适合开展营销活动呢？笔者给大家的建议是：节假日。因为在节假日中，许多人都在享受休闲时光，更容易关注商家的营销活动。

当然，并不是说在节假日开展营销活动一定会取得成功，这还需要商家打造营销亮点。下面，笔者就为大家介绍一些“锦上添花”的节日营销技巧。

技巧一：设计鲜亮的节日活动主题

这一点在前期微信推广方面很重要，在设计活动主题时，商家可以用节日打头阵，然后配以响亮的营销主题，例如“欢乐五一，五折大促”，“美妙十一，买一送一”等，这样能起到很好的“吸睛”作用。

技巧二：创意互动炒热现场氛围

节日营销活动如果没有新意，很容易变成“鸡肋”，这时往往会出现“看”活动的人多，而真正参与活动的人少。因此，若想有效实现营销目的，商家就要策划互动性强的创意游戏，激发人们的参与积极性。

技巧三：消费对象具有针对性

在这里，笔者建议大家不妨试一试“圈子消费”。所谓“圈子消费”，也就是以某个圈子中的人为消费对象，如商务人士、旅游达人、家庭主妇、退休老人、儿童等，这些人群往往具有某种喜好，更容易产生购买行为。有人可能会疑惑：“儿童能有什么购买行为呢？”儿童本身是不会购买，但是父母会帮助他们实现“愿望”。所以，儿童其实也是一个庞大的客群群体。

技巧四：产品巧妙组合

人们在节假日往往有充裕的时间来接纳各种信息，商家可以瞅准这一时机推广新产品，将新产品与热销产品组合起来做微信营销活动，另外再搭配特价品、免费礼物等，这样既方便客户了解新产品，又能够激发客户的购买欲，是一种不错的营销方式。

掌握这些技巧后，大家还要注意：在节假日开展营销活动通常要比在普通日子里开展营销活动投入更多，因此商家要提前做好人力、物力等各方面的准备，以保证活动顺利进行。

6.8 充分利用天时、地利、人和

微信营销活动能否顺利展开通常与许多因素有关，而天时、地利、人和就是其中非常重要的三个方面。所谓天时，就是指营销活动开展的时机，在前文中，笔者已经为大家做了详细解读，在此就不再赘述。下面，笔者着重为大家介绍一下地利与人和。

地利，地理优势占先机

在开展微信线下活动的时候，挑选一个合适的地理位置十分重要。笔者有一次陪家人逛商场，在大厅看到一个太阳镜展台，展台虽然不大，但是眼镜样式很多、很漂亮，围观的人不少。笔者对这座商场还算是比较了解，但从来没见过这个太阳镜品牌，于是忍不住问销售人员："你们有门店吗？"销售人员回答说："有，就在商场一楼最东边的拐角。位置稍微有些偏。"在笔者看来，这个位置可不是"稍微"有些偏，而是偏到几乎看不到。难怪店家会在大厅做展台呢！

因此，在开展微信营销活动时，商家一定要选好场地。在挑选场地时，大家要综合考虑下面这些因素：

（1）场地定位。如果是面对普通消费者，可以选择亲民一些的场地，如露天广场、商场大厅等；如果是面对高级会员，则要注意场地的格调，可以选择精致一些的礼堂。

（2）场地面积。我们可以根据活动的规模、预计参与人数来选择大小不同的场地。

（3）场地方位。挑选活动场地时，最好不要选择偏僻的方位，以免被人们忽略。

（4）场地周围环境。最好挑选交通便利、硬件设施比较完善、客流量充足的地方。

此外，场地费用也是商家要认真考虑的方面。

人和，团结协作促成功

从策划、宣传到正式展开、结束，整个活动流程往往是由多方面人员共同协作完成的，因此，要保证活动顺利开展，我们还需要协调各方面的人员关系。

（1）商家要配备充足的人员，并合理分配各项工作，例如活动策划、前期宣传、微信后台人工服务、活动现场工作等，并针对可能发生的意外情况而制定好解决方案。商家可以开展员工培训，以提高员工的整体素质。

（2）商家要与供货商达成协定，以保证货源充足。尤其是在开展假日微信营销线下活动时，货源储备、物流配送等一定要到位。

当然，客户参与也是“人和”的一个方面，而关于客户的重要性，笔者在前文中已经详细说过了，此处就不再赘述。需要说明的一点是：客户是“人和”中比较不确定的因素，而这一因素对营销活动的影响，总体来说还是体现在商家的客户服务方面，服务越到位，客户参与度往往会越高。

6.9 活动后台的重要性不可忽视

无论是开展线上营销还是线下营销，活动后台都是商家要密切关注的地方。一方面，商家可以通过后台制定活动流程，如设置游戏中奖概率；另一方面，商家可以通过后台监视活动进展情况，并及时处理活动中突发的意外。

例如中奖设置，有些商家觉得活动投资过大，这时可以在奖品设置方面做一些调整，将大奖的中奖率设置低一些，例如一等奖中奖率设为 1%，二等奖中奖率设为 10% 等。一般来说，丰厚的大奖容易吸引用户参与活动，尽管参与人数众多，商家也不需要担心活动成本会增加，因为在此之前商家已经在后台设置了较低的中奖概率，这样既实现了“吸粉”目的，又可以节省一定的成本。当然，用户本身是不清楚这层关系的。

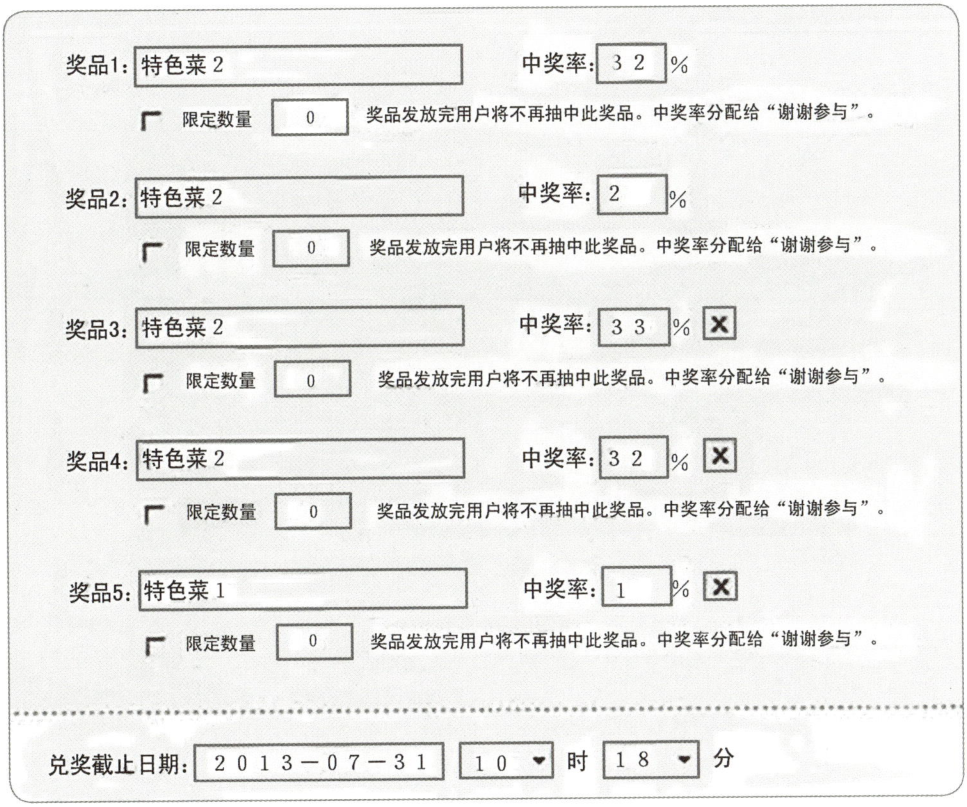

在活动开展过程中，客户可能会产生这样或那样的问题，有时甚至会因为不满而向客服投诉，这些疑问或意见投射到微信公众平台上，一般都可以通过活动后台看到。在遇到此类状况时，客服人员应该予以及时、合理的解决方案，以建立良好的客户关系。

当活动结束后，商家还应该根据后台的数据统计，综合分析此次活动所达到的效果，为下一次营销活动总结经验，以打造更好的策划方案。总之，在整个营销活动开展过程中，商家应同时把控好台前、台后的发展状况。

Part 7

更上一层楼，
八大微信营销模式拓宽生财之路

微信营销模式，简单来说，就是在微信营销过程中所采用的不同形式。众所周知，评价某个企业经营好坏重要的标准之一就是营销业绩，而决定业绩高低的关键因素就是营销实力。因此，为了提高自身的营销实力，许多企业会采取各种各样的营销模式。那么，微信营销都有哪些营销模式呢？在这一章中，笔者就为大家着重介绍最常见的八大微信营销模式，以帮助大家拓宽生财之路。

7.1 惊喜不断的O2O折扣模式

O2O（Online to Offline）营销模式也叫作离线商务模式，它是微信营销中十分常见的一种模式，主要内容是将线上客户转到线下实体店来消费。这种营销模式特别适用于那些有实体店面，并且需要客户到店消费的行业，例如餐饮行业、酒店行业、健身行业、美容行业等。在开展O2O营销模式时，大家可以从下面这些方面入手。

1.线上软文推广

要调动线上用户的积极性，信息推广是必不可少的环节。在这方面，笔者建议大家采用软文推广。所谓软文，简单来说就是用委婉、生动的语言将宣传内容打造成一篇既有价值又有感情的文案，从而使受众产生消费欲望。例如下面这两则信息：（1）“还在为午饭吃什么而苦恼？那就来店里看看吧，这里有各种各样的美食，还有折扣优惠哦！欢迎大家到店围观！”（2）“到店消费，有折扣。”你会对哪个更感兴趣呢？相信大部分人都会倾向于第一则消息，它就是一篇简单的软文，能够让受众产生心理共鸣。而后者不仅没有体现产品特色，而且冰冷生硬，容易引起人们反感。所以，在进行线上推广的时候，大家应注重软文推广。

2.线下打折促销

折扣向来是“吸粉”、“吸金”的利器，在将线上用户转为线下用户时，我们可以采取“二维码＋折上折”的优惠措施。例如，“扫描二维码即可获得无门槛 5 元现金券，消费满 200 元还可享受九折优惠。”这样既可以增加微信公众平台的粉丝关注度，又能激发用户的消费欲，可谓一举两得。

3.线上支付、线下体验

这与电话订餐有异曲同工之处，只不过我们将货到付款变成了线上支付，这就缩短了交易时间，更有利于商家快速盈利。当然，这需要商家开通微信支付的功能，客户只要在微信上完成支付，就能够凭借订单信息随时到店消费体验。在这里，笔者推荐大家开展微信团购活动，这种方式往往可以产生良好的收益。

4.贴心服务预订

我们可以在微信上开通预订功能，用户可以通过文字或语音留下个人信息，与商家预约好时间、服务等内容。这样既可以省去排队等候的麻烦，还有助于商家获取用户信息。也许有的用户预约了服务但没有到店消费，这也不会给商家带来什么损失，毕竟我们得到了一个用户的基本资料，在以后的营销过程中可以将其发展为目标客户。

【成功范本】

万达影院

随着互联网科技的发展，电影行业作为传统行业之一，也看准了微信营销，万达影院就是一个很好的例子。为了进一步拓宽营销渠道，万达影院开通了微信公众账号，向用户提供在线预订、在线选座、影片查询等服务。用户只要关注其官方微信，就能够在线选购称心如意的电影票，不用排长队、不用担心买不到票，也不用担心选不到好位置。不仅如此，万达影院还不定期地推出会员活动，例如，用户关注微信即可享受一分钱观影的优惠，还能获赠观影小吃等。这种线上活动有效地带动了线下消费，为万达影院创造了平均每天售出8000张影票的好成绩。

【立体剖析】

便捷的微信功能、会员优惠政策等都是万达影院吸引客户的利器，对于许多传统行业来说，这些营销方式都是值得借鉴的地方，操作简单并且收效显著。当然，不同的行业还要根据自身的特点制定相应的策略，需要注意的是，无论采取什么样的营销方式，商家都要将线上消费与线下体验有机结合起来，这样更容易取得良好的成效。

7.2 专业化分工的分销模式

专业化分销模式是指商家通过合适的引导措施，构建出适于用户分享评论产品信息的平台，通过平台相关信息了解用户的真实需求，从而做到精准化营销的经营模式。这种模式不但对商家开展营销活动十分有利，而且容易养成用户间互推优质产品信息、分享产品使用体验的良好购物习惯，可谓是一种健康化的微商经营模式。

专业化分销模式主要分为以下几类。

专业化分销模式

1 微信分销系统模式

2 类似淘宝客的分销模式

3 会员分销模式

1.微信分销系统模式

微信分销系统是一种依托于微信平台，通过朋友圈推广等方式，将产生购买行为的粉丝发展为分销商，并以有偿的方式鼓励粉丝发展下级分销商，形成裂变式发展的模式。它具有以下三个特点。

1. 在上下级商家之间形成后台管理系统，这就保证了上级商家和下级商家之间可以实现可视化联系。
2. 分销系统具有资源优势，可以为下级分销商和末端商家提供急需的微店页面，使两者的经营活动变得更为正规。
3. 下级分销商具有上级代发功能，不必进行硬性囤货，这就使其经营变得更加灵活，也为兼职微商的进入创造了必要条件。

2.类似淘宝客的分销方式

什么是淘宝客？就是通过推广成交赚取利润的人群。而这种类似淘宝客的分销方式，是指用户通过在微信平台上的有效推广，获取平台返利的模式。例如用户甲在微信平台上买了一双鞋，觉得这种款式很好，便在自己的微信朋友圈进行了推荐，并在推荐中附上商品信息的链接，当用户乙通过此链接进行购买时，用户甲就可以得到商家一定的返利。

3.会员分销模式

会员分销模式的定义是：用户在商家的微店中进行购物，即可获得终身会员资格，享受一定的优惠服务。而当用户在初次购买后，开始转变为商家的下级分销商，并促使更多用户在该微店中购物时，即可获得高级会员资格，除了享受购物方面的更大优惠之外，还能得到一定量的返利分红。

7.3 无微不至的CRM客户管理模式

笔者曾反复强调，客户服务是微信营销中一个至关重要的组成部分，直接影响着营销的成败。有些人可能对此体会不够深刻，那么笔者就给大家举一个简单的例子：一名客户到某服装店买衣服，第一次购物时，店家将客户的姓名、电话等基本信息，以及衣服、裤子、鞋子的尺码一并记录在CRM客户信息中，当客户第二次到店购物时，不需要客户多说，店家就能为客户推荐尺码合适的服装。大家试想一下，如果自己是这名客户，每次购物都能享受私人订制般的服务，这会是多么美妙的感觉啊！这种服务不仅节省了客户时间，还为客户带来宾至如归的感觉，这对于提升客户忠诚度具有显著的作用。

因此，在开展微信营销的时候，我们必须注重开发微信CRM客户管理系统。在这里，笔者就为大家详细介绍几种开发CRM客户管理系统的方法。

1.规划客户管理模块

客户管理模块的主要内容有做好客户信息登记、明确客户分类、关注客户日常动态等方面。我们可以通过微信会员卡来获取客户基本信息，如姓名、职业、联系电话等，还可以通过微信地理定位获取客户的位置信息，然后根据客户的互动、消费情况、喜好等特点将客户分成不同的等级类别，根据不同的粉丝建立目标客户、潜在客户等客户类型。此外，我们还可以通过微信后台记录粉丝关注或取消关注的时间、微信互动频率、阅读次数等，建立粉丝周期管理，

这种方式有助于商家制定并完善客户服务。

2.提升服务管理

服务管理要以细致、实用、全面等为原则，除了日常的信息推送外，我们还可以设置一对一互动、客户反馈平台等，与客户及时互动，并根据客户需求打造更贴心的服务。在一对一互动的时候，我们不妨开发一个语音呼叫版块，用语音与客户沟通，这样更容易拉近客户关系。

3.打造会员制度

会员制度是巩固客户关系、实现营销收益的一大法宝，像演员陈坤的微信账号、作家南派三叔的微信账号都是典型的代表。我们可以通过第三方应用专门设置这样的版块，并为会员提供专属特权，这样就能体现品牌影响力，同时还能培养客户的忠诚度，有助于商家完善 CRM 客户管理机制。

【成功范本】

平安车险

平安车险在开通微信公众账号后，将原有的客户信息导入微信平台，并在微信平台上开通了车险自助理赔、车险报案注销、查询勘察员信息等服务。如果客户在行车途中遭遇刮蹭意外，就可以用手机将现场情况拍下来，然后把照片发送给平安车险的微信公众账号，并通过地理定位将自己的位置信息一并发送出去，这样就能够轻松实现自助理赔，还可以在微信上随时查询理赔进度。若是客户不打算索赔了，也可以在微信上注销案件。这种便捷的方式大大简化了传统理赔的流程，既为客户节省了时间与精力，同时也为平安车险带来了一大批忠实的客户与收益。

【立体剖析】

客户信息管理、地理定位、即时互动、便捷的服务，这些都是值得大家借鉴与学习的地方。对于客户来说，能够用最简单的方式解决最实际的问题就是最贴心的服务，因此，我们在营销过程中应注重服务功能的实用性与便利性，根据客户需要来开发微信平台。

7.4 避繁就简的F2F互动模式

F2F（Face to Face）就是面对面互动营销，这种营销模式其实很常见，只不过传统F2F需要商家与客户提前约定时间、地点，当面进行交谈，而在微信营销中，我们只要在微信上与客户一对一沟通即可。这就为买卖双方节省了许多烦琐的细节，有助于商家提高营销效率。那么，F2F互动模式应注意哪些方面呢？下面，笔者就为大家详细解读一下。

1.沟通机制

众所周知，微信最大的特色之一就是私密性，这就为我们提供了一个与客户沟通的绝佳平台。在微信上，我们可以设置定期或不定期的沟通机制，灵活运用文字、语音、视频等多种功能，借助微信平台的自动回复或自定义菜单打开沟通渠道。

2.客户调研

我们既可以自主设计调查问卷，在微信平台上发起投票，也可以借助第三方应用进行客户调研。为了激发用户的参与积极性，我们可以开展有奖客户调研。当然，客户调研的目的是为了与客户建立更紧密的联系，因此在调研后期需认真分析、整理用户反馈，并针对客户的疑问给出合理的解决方案。

【成功范本】

联想服务

为了进一步提高客户服务体验，联想服务在微信公众平台上推出了便捷的F2F互动沟通。用户在遇到问题时，可以直接与联想微信平台上的工程师交流，沟通方式既可以是文字、图片，也可以是语音、视频等。如果用户需要到售后实体店解决问题，还可以向工程师发送自己的地理位置，工程师会根据用户的位置信息推荐距离最近的服务网点。这种新颖的F2F沟通模式为用户带来了很大的便利，同时也为联想服务树立了良好口碑。

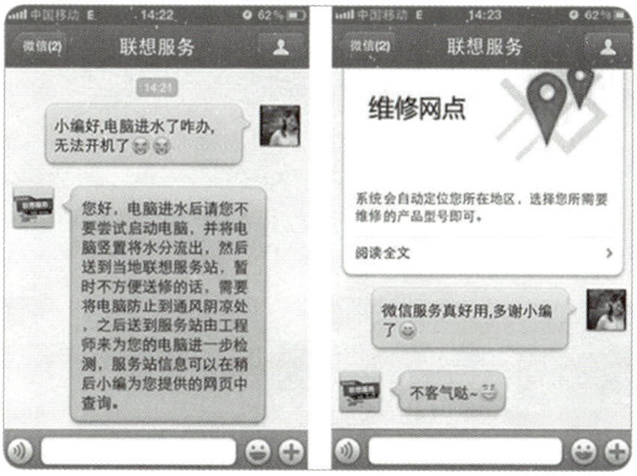

【立体剖析】

在开展F2F模式时，大家也可以借鉴联想服务的方法，灵活运用多种沟通方式，这样可以增加互动的活跃性。需要注意的是，微信后台的沟通人员一定要具备较高的综合素质水平，以便有能力帮用户解决现实问题。如果沟通人员只是说一些空话、敷衍之词，那么不仅不会起到与客户互动的目的，甚至还会给商家带来负面的口碑评价，不利于微信营销持续发展。

7.5 精准的LBS定位服务模式

前文中，笔者在讲到微信“附近的人”时曾提到过LBS定位服务，这是一种基于地理位置的服务模式，能够准确定位商家或客户的位置信息。LBS定位服务模式非常适用于本地生活，与人们的吃、喝、玩、乐、住、行等息息相关。在开展LBS定位服务模式时，除了采用之前讲解过的“附近的人”外，大家可以在微信营销中使用下面这些小技巧。

1.门店推荐

在微信公众平台上，我们可以向用户发出“获取地理位置”的请求，然后根据用户的微位置信息向其推荐附近门店，这样可以起到将线上用户引到线下消费的作用。现在许多智能手机都带有GPS定位功能，实现地理定位并不是难事，一般来说，只要不向用户发送骚扰信息，用户通常都会乐于分享自己的地理位置。

2.签到活动

这一方式尤其适用于服务号。我们可以在服务号的自定义菜单中开设签到活动，如“连续签到 × 天，可以获得神秘小奖品”。这样既能激发用户积极参与活动，同时还可以增加服务号的活跃性，提高服务号的曝光率。

【成功范本】

K5便利店

K5便利店在开展微信营销时，就很好地利用了“附近的人”这一功能。它通过LBS锁定目标客户群，向客户精准投放推广信息，从而扩大了品牌影响力。在微信公众平台上，K5便利店还充分利用文字、语音等方式与客户展开即时互动，成功吸引了一大批忠实的客户群，并有效地带动了实体店消费，实现了可观的收益。

【立体剖析】

LBS定位服务+客户即时互动是K5便利店微信营销的亮点，值得大家学习与借鉴。LBS是一种十分便捷的营销推广模式，它可以帮助商家扩大品牌影响力，有效拉动线下消费，若是能将这一功能与其他营销模式灵活结合起来，那么实现收益并不难。

7.6 取长补短的双号运营模式

所谓双号运营，就是指商家既开设订阅号，又开设服务号。在前文中，笔者为大家分别介绍了订阅号与服务号的特点，我们知道，订阅号虽然可以每天向用户发送消息，但是没有自定义菜单；服务号虽然拥有功能性更强的自定义菜单，但是一个月只能向用户推送 4 条消息。如果我们既想每天推送消息，又想使用自定义菜单的话，该怎么办呢？这时大家就可以采用双号运营的模式。

1.明确两个账号的特色

在实行双号运营时，我们首先要明确两个账号的定位。笔者建议大家将订阅号作为品牌形象的宣传平台，主打价值信息服务；将服务号作为搭建客户关系的工具，侧重沟通互动。两个账号职责鲜明可以避免给用户带来重复关注的错觉，更有利于提高用户关注度。

2.将两个账号巧妙地联系在一起

在内容上，订阅号与服务号可以稍有交叉，我们可以用订阅号向用户推送微信活动信息，而在服务号上开展微信活动，也可以在服务号活动的结尾提醒大家随时关注订阅号，以获取更多活动信息。例如，订阅号："回复 ×× 关键词给我们的服务号，参与互动赢大奖。"服务号："获奖名单公布在我们的订阅号上，请大家随时关注。"此外，我们也可以同时在订阅号与服务号上公布活动信息与获奖名单，但需要注意的是，两个账号的内容不要频繁重复。

有些人可能会说："同时运营两个账号多麻烦，直接花点钱认证一下，订阅号就能拥有自定义菜单，这样多省事！"笔者要告诉大家的是，花钱开通订阅号的自定义菜单看起来一举两得，其实并没有多少实际意义，因为订阅号的自定义菜单与服务号的自定义菜单是有差距的，在服务号中，我们可以用同样的价格开发出更高级的功能。因此，与其把资金投在订阅号认证上，倒不如用来经营服务号，进一步提升服务号的功能。

【成功范本】

屈臣氏

著名的零售连锁店屈臣氏就是双号运营的典型代表之一，它的订阅号"屈臣氏中国"以推送信息为主，每天都会向用户推送新鲜资讯，例如发布实体店新一期的优惠活动、购物资讯、吃喝玩乐攻略等；服务号"屈臣氏服务助手"则主打活动营销、互动沟通，用户可以在服务号中参与幸运转盘、美容导购、门店签到等活动，还可以查询会员积分、修改密码等。两个账号既独立又相互依存，各取所长，为屈臣氏赢得了良好的口碑，同时有效带动了线下消费。

【立体剖析】

两个账号各有特色，信息与服务相得益彰，线上推广带动线下消费，这些都是值得大家借鉴与学习的地方。从屈臣氏的案例中我们不难发现，其服务号不仅功能性强，而且娱乐性十足，笔者建议大家，在运营服务号时不妨也提高一下服务号的娱乐性，这样有助于提升服务号的活跃度。

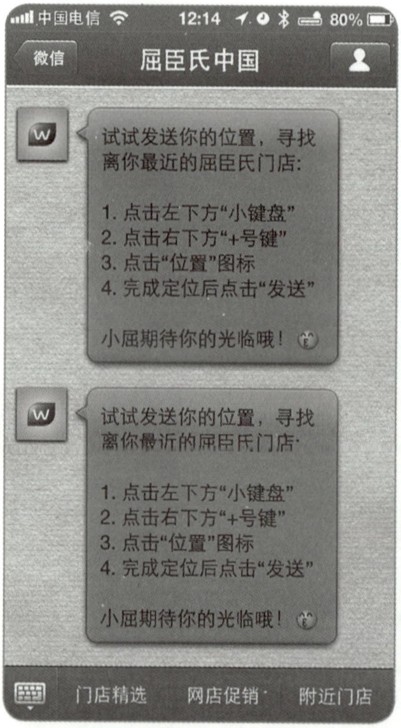
中国电信 12:14 80%
微信
屈臣氏中国
试试发送你的位置，寻找离你最近的屈臣氏门店：
1. 点击左下方“小键盘”
2. 点击右下方“+号键”
3. 点击“位置”图标
4. 完成定位后点击“发送”
小屈期待你的光临哦！
试试发送你的位置，寻找离你最近的屈臣氏门店：
1. 点击左下方“小键盘”
2. 点击右下方“+号键”
3. 点击“位置”图标
4. 完成定位后点击“发送”
小屈期待你的光临哦！
门店精选
网店促销
附近门店

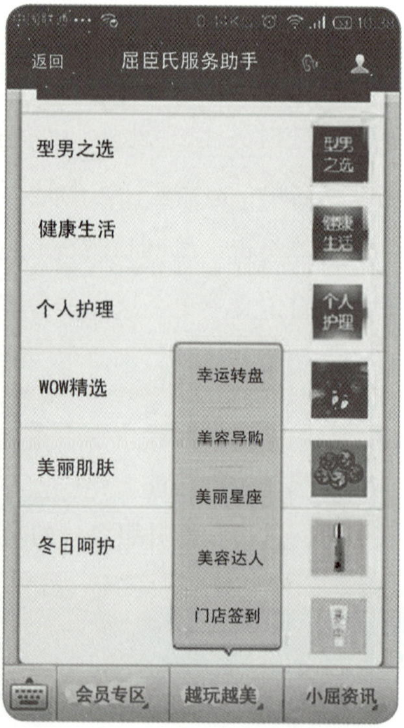
返回
屈臣氏服务助手
型男之选
健康生活
个人护理
WOW精选
美丽肌肤
冬日呵护
幸运转盘
美容导购
美丽星座
美容达人
门店签到
会员专区
越玩越美
小屈资讯

7.7 独具特色的“微网站”品牌模式

什么是微网站？简单来说，微网站就是微信的一个官网。它既能体现品牌特色，又具备各式各样的功能，如信息回复、地图导航、营销活动、业务模块等，对微信营销来说具有重要意义。那么，微网站都有哪些优势呢？下面，笔者就为大家一一详解。

优势一：成本低、功能全

微网站是一种 App 形式的网站。由于微网站的出现，App 市场受到了很大冲击，因为通常情况下，单独做一个企业 App 往往要花费十几万资金，而做一个微网站则只需要几千元，并且微网站的功能一点也不逊于 App。

优势二：载体轻巧、布局美观精致

许多人问笔者：“微网站与 PC 网站（电脑网站）有什么不同？”在回答这个问题时，笔者总会反问对方：“你去和客户见面，愿意带一个重重的笔记本，还是愿意带一个轻巧的手机？”几乎所有人的答案都是：手机。如此一来，微网站与 PC 网站的区别就体现出来了。经常用手机上网的读者一定有过这样的体会：PC 网站在手机上呈现出来的样子十分怪异，而且需要用手不停地放大缩小、移来移去，十分麻烦。而微网站则不同，它的页面布局整齐、美观，符合手机屏幕的浏览习惯，功能实用性比 PC 网站更强。

在发展节奏日益加快的今天，精巧、实用、便捷的事物更容易得到人们的认可，因此，搭建微网站具有一定的必要性。我们知道，微信公众平台本身是没有微网站功能的，所以，商家要想建立自己的微网站，还需要借助第三方应用的力量。一般来说，第三方应用会有一套完善的微网站模块，商家可以根据自身需要设计每个版块的内容，操作起来方便快捷。每个微网站的网页地址都是唯一的，因此商家可以将微网站的链接放在微信公众平台上，方便更多人了解自己的品牌。

【成功范本】

《吴江日报》

为了进一步提升用户服务体验，《吴江日报》在微信公众平台上开通了“3G 微网站”。它利用自定义菜单，将微网站设置成一个固定的版块，用户除了每天定时受到《吴江日报》推送的信息外，还可以点击微网站来获得更多新鲜资讯与服务，例如参与抽奖活动、查询公交线路、阅读美文等。这些丰富的栏目有效提升了《吴江日报》微信公众平台的活跃度，为其奠定了忠实的用户基础。

【立体剖析】

日常信息推送、微网站+自定义菜单、丰富的栏目，这些都是《吴江日报》的微信营销亮点。大家在借鉴其营销模式时需要注意，微网站虽然灵活性强，但是商家需要针对自身特点合理开发不同的模块，注重模块的丰富性，这样更容易从多角度来吸引用户关注。

7.8 潜力无穷的社交分享模式

现在的网络社交平台非常多，例如新浪微博、腾讯微博、微信朋友圈、QQ空间、陌陌等。在开展微信营销的时候，我们完全可以借助这些平台来推广活动信息，通过众人的分享、转发等方式来扩大自身影响力。不过，在采用社交分享模式做营销的时候，大家要注意下面这些问题。

1.分享内容避免硬式广告

在前文中，笔者提到过软文推广，与软文相对的信息类型就是硬式广告。例如宣传某种饮用水，直接说“我们的水具有 ×× 功能”就属于硬式广告，而换成“我们的水来自绿色的山林，经过层层净化，富含……”这样的形式，就会给用户带来无限的遐想空间，容易引起人们心理共鸣，从而实现信息分享。

2.为分享内容积攒人气

一般来说，转发量高、点赞人数多的信息更容易引起人们关注，因此，我们要通过多种平台来为分享内容积攒人气。例如用微信大号发布一篇文章，用多个小号点赞并转发该信息，如果每个小号拥有一定的粉丝基数，再通过粉丝转发进一步扩大影响力。这种如同滚雪球一般的吸人气方式往往会产生良好的推广效果。如果社交平台中的关注人数比较少，我们可以先去关注其他人，尤其是一些业内人士，这样有助于提高信息内容的权威性，从而激发更多人关注。

3.充分发挥小号的功能

如果微信小号的粉丝量超过 1000 人，甚至高达 5000 人，那么大家可以在小号上“兼职”做一些广告业务，为一些公众账号提供打广告的机会，这样既不耽误自己推广营销，同时还能从广告业务中赚取利润。

大家千万不要小瞧微信小号的“威力”，一般来说，在一个粉丝量大约 5000 人的微信小号上做推广，一天通常可以实现 2000 左右的阅读量、1000 左右的转发量。要知道，在微信营销中，一个公众账号能够在一天中实现几百的阅读量、转发量就算很成功了，更何况是上千的阅读量与转发量！

当然，要想让小号长期发挥显著的推广功效，大家还需要根据前面提到的两点内容来维护小号，以保证小号始终拥有广泛的关注度。